4年生

漢字マスターへの道

練習が終わった漢字をなぞって、日付を書こう。ゴールをめざせ！

スタート

位茨 月 日	以衣 月 日	愛案 月 日					
印英 月 日	栄媛 月 日	塩岡 月 日	億加 月 日	果貨 月 日	課芽 月 日	賀改 月 日	械害 月 日
器機 月 日	季旗 月 日	岐希 月 日	観願 月 日	管関 月 日	完官 月 日	覚潟 月 日	街各 月 日
議求 月 日	泣給 月 日	挙漁 月 日	共協 月 日	鏡競 月 日	極熊 月 日	訓軍 月 日	郡群 月 日
佐差 月 日	候康 月 日	好香 月 日	固功 月 日	健験 月 日	結建 月 日	芸欠 月 日	径景 月 日
菜最 月 日	埼材 月 日	崎昨 月 日	札刷 月 日	察参 月 日	産散 月 日	残氏 月 日	司試 月 日
唱焼 月 日	松笑 月 日	順初 月 日	周祝 月 日	借種 月 日	鹿失 月 日	滋辞 月 日	児治 月 日
照城 月 日	縄臣 月 日	信井 月 日	成省 月 日	清静 月 日	席積 月 日	折節 月 日	説浅 月 日
単置 月 日	隊達 月 日	孫帯 月 日	続卒 月 日	束側 月 日	倉巣 月 日	然争 月 日	戦選 月 日
仲沖 月 日	兆低 月 日	底的 月 日	典伝 月 日	徒努 月 日	灯働 月 日	特徳 月 日	栃奈 月 日
付府 月 日	不夫 月 日	票標 月 日	飛必 月 日	阪飯 月 日	梅博 月 日	念敗 月 日	梨熱 月 日
阜富 月 日	副兵 月 日	別辺 月 日	変便 月 日	包法 月 日	望牧 月 日	末満 月 日	未民 月 日
冷例	[illegible]	[illegible] 日	良料 月 日	利陸 月 日	養浴 月 日	勇要 月 日	無約 月 日
[illegible]	[illegible]	[illegible] 日	学年総復習（そうふくしゅう）ドリル② 月 日	学年総復習（そうふくしゅう）ドリル③ 月 日	学年総復習（そうふくしゅう）ドリル④ 月 日	学年総復習（そうふくしゅう）ドリル⑤ 月 日	ゴール

これで漢字マスターだ！

このドリルの特長と使い方

このドリルは、「小学漢字一〇二六字の正しい書き方　新装四訂版」であつかった四年生で学ぶ漢字を「正しく」書けるようになることを目的としています。

小学漢字一〇二六字の正しい書き方 新装四訂版

❶ **書き順は省りゃくせず**にすべて書いてあるので、正しい書き順で漢字を書けるようになります。赤色の画をなぞって覚えましょう。

❷ 教科書の字体を手本としたときの**書き方のポイント**が書いてあるので、正しい書き方を学ぶことができます。

❸ **成り立ちや意味**がくわしくのっているので、漢字を覚える助けになります。内ようは「旺文社漢字典」を参考にしています。

❹ **例文**をのせることで、その**漢字の使い方**がわかるようになります。

（　）は中学校以上で習う読み、——は特別な読み、訓読みの「-」の下は送りがなです。部首の分類や名前は、辞書によってことなることがあります。

もくじ

編集協力／有限会社マイプラン 湯川善之・藤江美香　校正／有限会社編集室ビーライン
装丁デザイン／株式会社しろいろ　装丁イラスト／林ユミ　本文デザイン／ブラン・グラフ 大滝奈緒子　本文イラスト／南澤孝男

音訓さくいん

●この本にのっている漢字の読み方を五十音順にならべました。
●カタカナは音読み、ひらがなは訓読みです。 ●「-」の下の字は送りがなです。
●漢字の下の数字が、その漢字ののっているページです。

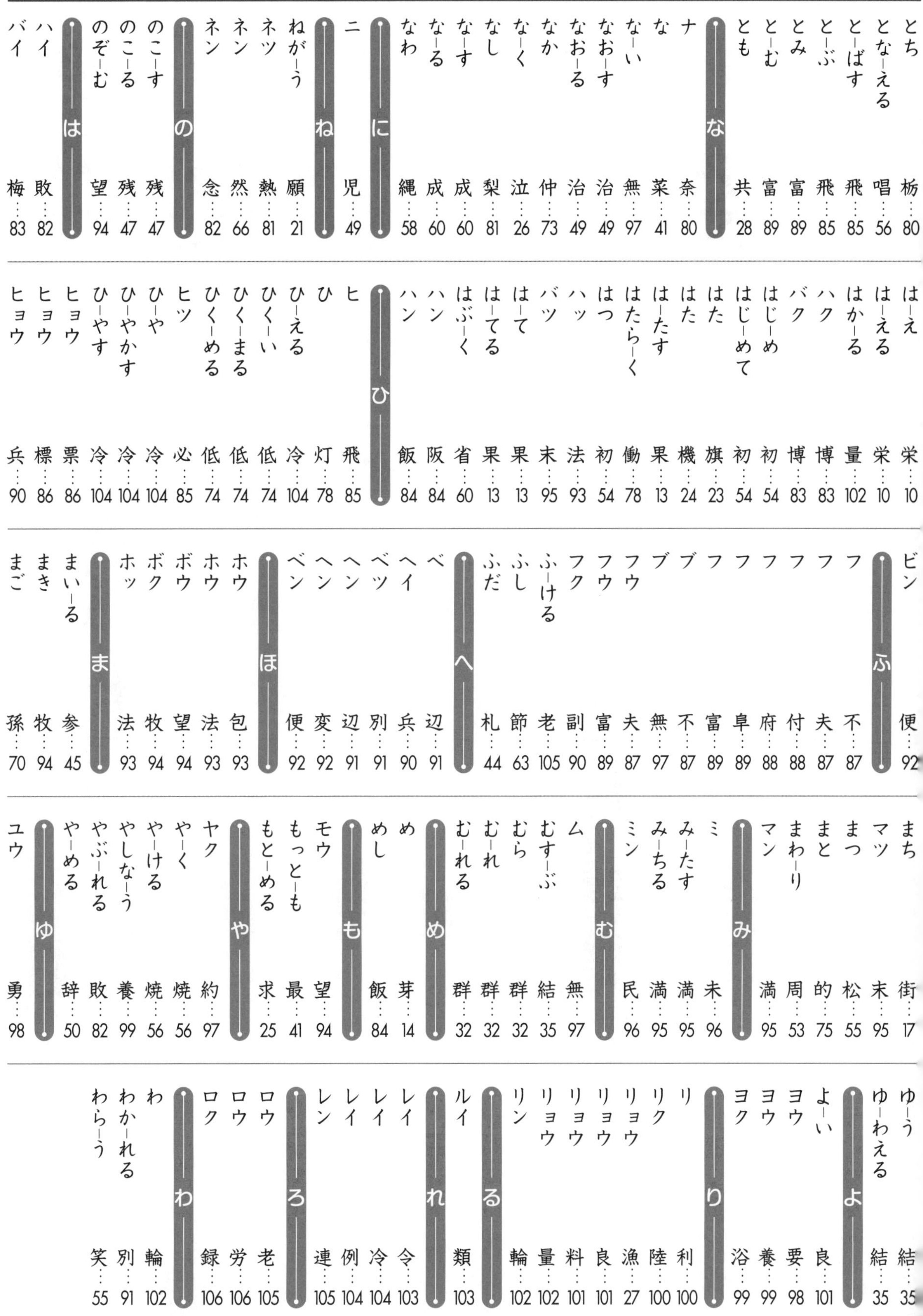

愛

おん　アイ

くん　―

練習

点の打ちかたに注意。⺍としない

部首　心（こころ）

画数　13画

注意点

書くときは、「爫」を「⺍」、「夂」を「又」としないように注意する。

使い方を覚えよう

① 人を愛する。

② 愛じょうにあふれる。

③ 愛着のあるかばん。

④ 親愛の気持ちを表す。

案

おん　アン

くん　―

練習

まっすぐ下につける

とめる

部首　木（き）

画数　10画

成り立ち

「木」と、物を置く意味の「安」を合わせた字。物を置く木の「つくえ」の意味から、「かんがえる」意味に用いる。

使い方を覚えよう

① 新しい案を考える。

② 案外かん単だ。

③ 学校を案内する。

④ テストの答案を出す。

ア

以

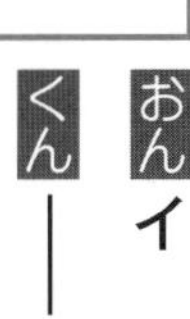

おん　イ

くん　―

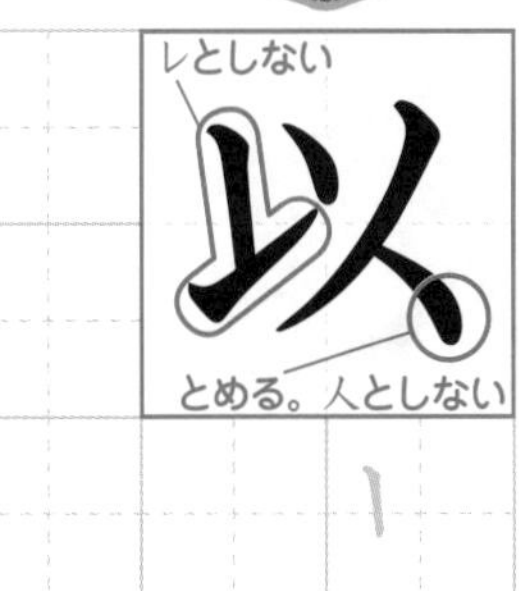

部首　人（ひと）

画数　5画

成り立ち

使い方を覚えよう

① 五分以内に集合する。
② 以前は公園があった。
③ 会うのは七月以来だ。
④ 以心伝心の間がらだ。

衣

おん　イ

くん　（ころも）

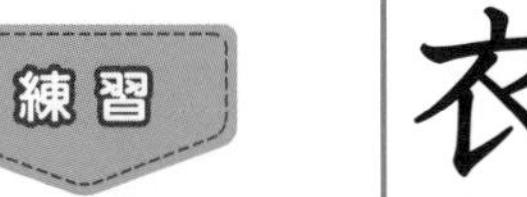

部首　衣（ころも）

画数　6画

成り立ち

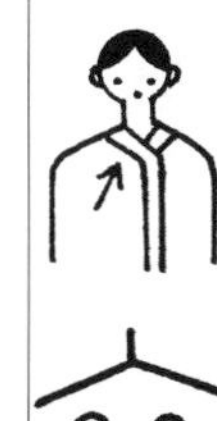

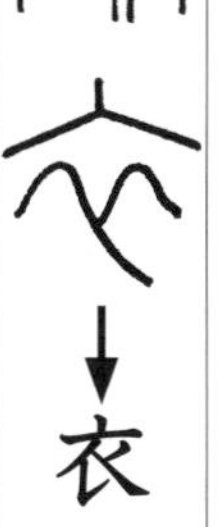

使い方を覚えよう

① 衣服を着がえる。
② 衣類を整理する。
③ 衣料品店に行く。
④ 白衣のお医者さん。

位

おん　イ

くん　くらい

練習

位

まっすぐ下につける

上の横ぼうより長く

ノ イ 亻' 亻亠 亻亡 位 位

部首　亻（にんべん）

画数　7画

成り立ち

「亻」（人）と「立」とで、人の立つ場所を表し、広く「くらい」の意味を表す。

使い方を覚えよう

①地図で位置を調べる。
②順位を決める。
③地位が高い。
④一の位の数字。

茨

おん　―

くん　いばら

練習

茨

はねる

一 ー 廾 艹 芒 芝 茨 茨 茨

部首　艹（くさかんむり・そうこう）

画数　9画

成り立ち

艹＋次＝茨

草をならべ積んで屋根をふく

使い方を覚えよう

①茨の道を行く。
②指に茨のとげがささる。
③茨城県を旅する。
④茨の森。

ア

印

おん　イン
くん　しるし

練習

はねる。 卩としない
横につき出さない

部首　卩（ふしづくり）　画数　6画

成り立ち
上からおさえつける意味を表し、「はんこ」「しるし」の意味に用いる。

使い方を覚えよう
①本を印刷する。
②印かんをおす。
③目印をさがす。
④矢印でしめす。

英

おん　エイ
くん　――

練習

出す　出す　出す

部首　艹（くさかんむり・そうこう）　画数　8画

注意点
書くときは、「央」を「夬」「夬」としないように注意する。

使い方を覚えよう
①英語を話す。
②英会話を習う。
③英ゆうの物語。
④英国の王室。

栄

おん　エイ

くん　さか-える（は-え）・（は-える）

練習

送りがなの練習

栄える（さか-える）

部首　木（き）

画数　9画

注意点

書くときは、「⺍」を「⺌」としないように注意する。

使い方を覚えよう

①栄光をたたえる。
②栄養をとる。
③光栄に思う。
④町が栄える。

媛

おん　（エン）

くん　―

練習

部首　女（おんなへん）

画数　12画

成り立ち

「女」と、やわらかくしなう意味と音を表す「爰」を合わせた字。

使い方を覚えよう

①愛媛県のみかん。
②愛媛県の地図。
③愛媛県は四国にある。
④愛媛県に住む。

塩

おん　エン
くん　しお

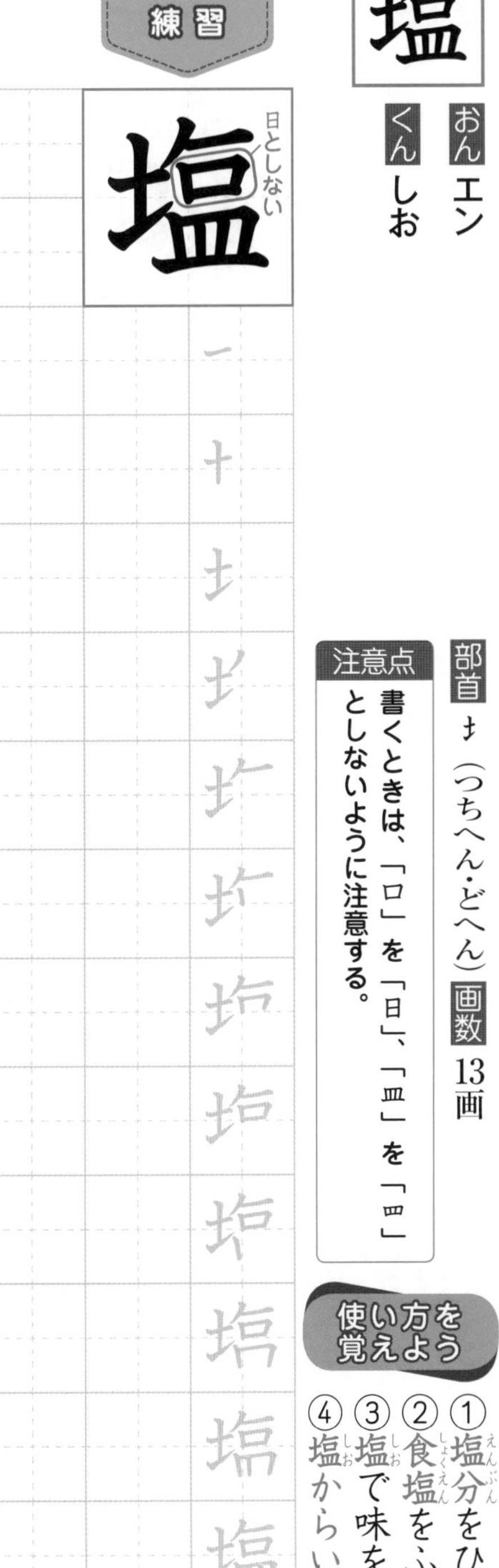

部首　𡈽（つちへん・どへん）　画数　13画

注意点
書くときは、「口」を「日」、「皿」を「罒」としないように注意する。

使い方を覚えよう

①塩分(えんぶん)をひかえる。
②食塩(しょくえん)をふりかける。
③塩(しお)で味をつける。
④塩(しお)からいつけもの。

岡

おん　―
くん　おか

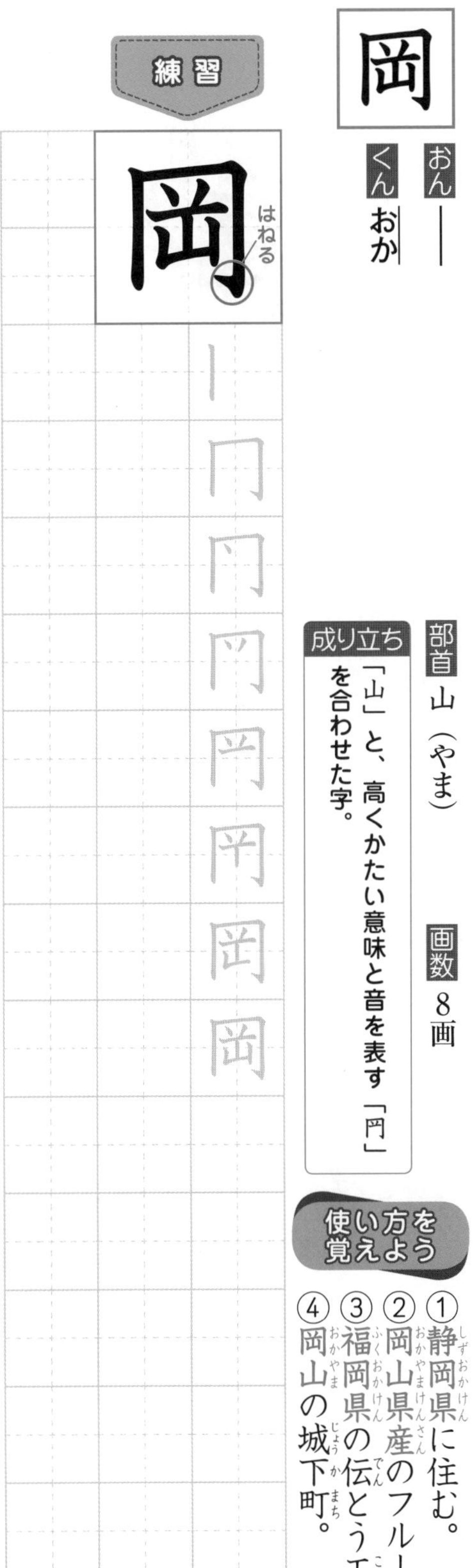

部首　山（やま）　画数　8画

成り立ち
「山」と、高くかたい意味と音を表す「冂」を合わせた字。

使い方を覚えよう

①静岡県(しずおかけん)に住む。
②岡山県産(おかやまけんさん)のフルーツ。
③福岡県(ふくおかけん)の伝(でん)とう工芸(こうげい)。
④岡山(おかやま)の城下町(じょうかまち)。

億

おん　オク
くん　―

練習

億（まっすぐ下につける・はねる）

ノ　亻　亻　亻　亻　亻　亻　亻　倍　倍　倍　倍　億　億　億

部首　亻（にんべん）　画数　15画

注意点
書くときは、「亻」を「彳」、「日」を「目」としないように注意する。

使い方を覚えよう
①人口は一億人以上だ。
②しょう金は三億円だ。
③億万長者になる。
④一億の位。

加

おん　カ
くん　くわ-える　くわ-わる

練習

加（はねる）

フ　カ　か　加　加

部首　カ（ちから）　画数　5画

成り立ち
「カ」に「口」をそえ、いきおいをますことから、「くわえる」意味を表す。

使い方を覚えよう
①食品を加工する。
②手加げんをする。
③地いき活動に参加する。
④水を加える。

送りがなの練習
（くわ-える）加える　加える
（くわ-わる）加わる　加わる

果

おん　カ

くん　は-たす・は-てる
は-て

部首　木（き）

画数　8画

成り立ち

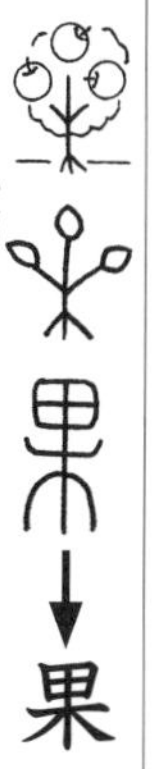

木の上に果実（かじつ）がなっている形

練習

果（とめる）

一 口 曰 日 旦 甲 果 果

送りがなの練習

（は-たす）果たす　果たす

（は-てる）果てる　果てる

使い方を覚えよう

①果実（かじつ）をつみとる。
②テストの結果（けっか）を知る。
③約束（やくそく）を果（は）たす。
④果（は）てしなく続（つづ）く大地。

貨

おん　カ

くん　―

部首　貝（かい）

画数　11画

成り立ち

「貝」と「化」（かわる）とで、ほかの品物とかえる「たから」「おかね」の意味を表す。

練習

貨（はねる・とめる）

ノ イ 亻 化 化 化 貨 貨 貨 貨 貨

使い方を覚えよう

①貨物（かもつ）列車が走る。
②ざっ貨（か）を売る店。
③百貨店（ひゃっかてん）で買い物をする。
④外国の金貨（きんか）。

課

おん　カ

くん　―

点の打ちかたに注意

とめる

部首　言（ごんべん）　画数　15画

成り立ち

「言」と、区分けの意味と音を表す「果」を合わせた字。「分たん」の意味を表す。

使い方を覚えよう

①夏休みの課題。

②犬の散歩が日課だ。

③放課後、図書館に行く。

④ぜい金を課する。

練習

芽

おん　ガ

くん　め

まっすぐ

はねる

部首　艹（くさかんむり・そうこう）　画数　8画

成り立ち

「艹」（草）と「牙」（かみ合う）とで、外皮が組み重なって包んでいる草木の「め」の意味を表す。

使い方を覚えよう

①豆から発芽する。

②ばく芽を使った飲料。

③あさがおの芽が出る。

④勇気が芽生える。

練習

賀

おん　ガ
くん　―

練習

はねる　とめる

部首　貝（かい）　画数　12画

成り立ち
「貝」（お金）に、ほめる意味と音を表す「加」を合わせた字。お金をおくって祝うことから、「よろこぶ」意味に用いる。

使い方を覚えよう
①年賀じょうを送る。
②きん賀新年
③佐賀県の出身だ。
④祝賀会を開く。

改

おん　カイ
くん　あらた-める　あらた-まる

練習

はらう　とめる

部首　攵（ぼくにょう・のぶん）　画数　7画

意味
打ちいましめることから、「あらためる」意味を表す。

使い方を覚えよう
①法りつを改正する。
②ねだんを改定する。
③たい度を改める。
④年が改まる。

送りがなの練習

改める（あらた-める）

改まる（あらた-まる）

械

おん　カイ
くん　—

はねる
とめる

部首　木（きへん）　画数　11画

注意点
「戈」の「丿」をわすれないように注意する。

使い方を覚えよう
① 機械を動かす。
② 工場の機械化をはかる。
③ 器械体そうの選手。
④ 理科室の器械。

害

おん　ガイ
くん　—

まっすぐ下につける
長く

部首　宀（うかんむり）　画数　10画

成り立ち
頭にかぶるかぶりものをつけた様子からできた字。

使い方を覚えよう
① 害をあたえる。
② 害虫を取りのぞく。
③ 水害を食い止める。
④ さい害にみまわれる。

街

おん　ガイ・(カイ)
くん　まち

練習

街

ななめにはねる
たてぼうをつづけない。
土を二つ

部首　行(ゆきがまえ・ぎょうがまえ)　画数　12画

注意点
部首が「行(ゆきがまえ・ぎょうがまえ)」であることに注意する。

使い方を覚えよう
①街灯(がいとう)がともる。
②車が市街地(しがいち)に入る。
③商店街(しょうてんがい)を通る。
④街(まち)なみが美しい。

各

おん　カク
くん　(おのおの)

練習

各

はらう

部首　口(くち)　画数　6画

注意点
部首が「口(くち)」であることに注意する。

使い方を覚えよう
①道具は各自(かくじ)で用意する。
②日本各地(かくち)の祭り。
③各国(かっこく)の大臣(だいじん)が集まる。
④各駅(かくえき)てい車(しゃ)の電車に乗る。

覚

おん　カク
くん　おぼ-える
さ-ます・さ-める

部首　見（みる）

画数　12画

注意点
使い方に注意する。
・目が覚める。
・お茶が冷める。

練習
覚
⺍としない
角をつけずに曲げて上にはねる

送りがなの練習
（おぼ-える）覚える
（さ-ます）覚ます

使い方を覚えよう
①感覚がするどい。
②事けんが発覚する。
③漢字の書き方を覚える。
④目が覚める。

潟

おん　―
くん　かた

部首　氵（さんずい）

画数　15画

成り立ち
氵（水）＋舃（しおち）＝潟（かた）

練習
潟
つけない

使い方を覚えよう
①米は新潟県の名産だ。
②ひ潟にすむ生物。
③新潟の美しい田。
④ひ潟を歩く。

完

おん　カン

くん　―

角をつけずに曲げて上にはねる

長く

練習

部首　宀（うかんむり）　画数　7画

成り立ち

屋根を表す「宀」と、めぐらす意味と音を表す「元」を合わせた字。屋根をぐるりとめぐらせる意味が転じて「完全である」の意味に用いる。

使い方を覚えよう

①建物が完成する。
②マラソンで完走する。
③完全に理かいする。
④未完の物語。

官

おん　カン

くん　―

まっすぐ下につける

下をやや大きめに

練習

部首　宀（うかんむり）　画数　8画

意味

人が集まって仕事をする家を表すことから、「役所」の意味を表す。

使い方を覚えよう

①官ちょうに問い合わせる。
②体内の器官をけんさする。
③外交官が海外に行く。
④けい察官が出動する。

管

おん　カン
くん　くだ

練習

管

下をやや大きめに

部首　⺮（たけかんむり）　画数　14画

注意点
使い方に注意する。
・管…つかさどる。「管理（かんり）」
・官…役目をすること。「器官（きかん）」

使い方を覚（おぼ）えよう
① マンションの管理人（かんりにん）。
② 管楽器（かんがっき）をえんそうする。
③ 太い血管（けっかん）。
④ 管（くだ）に水を通す。

関

おん　カン
くん　せき
かか-わる

練習

関

とめる　はねる　とめる

部首　門（もんがまえ・かどがまえ）　画数　14画

注意点
「間」「開」と形がにているので注意する。

使い方を覚えよう
① 良好（りょうこう）な関係（かんけい）をきずく。
② 社会に関心（かんしん）を持つ。
③ 関所（せきしょ）のあとをめぐる。
④ れきしに関（かか）わる本を読む。

（かか-わる）
関わる

観

おん　カン
くん　――

練習

つき出さない
上にはねる

部首　見（みる）
画数　18画

成り立ち
もとの字は「觀」。「雚」はめぐる意味と音を表し、「見」と合わせて、ぐるりと見回す意味を表す。

使い方を覚えよう
①植物を観察する。
②観客が集まる。
③観光旅行にでかける。
④小学校の参観日。

願

おん　ガン
くん　ねが-う

練習

はねる　とめる

部首　頁（おおがい）
画数　19画

成り立ち
頭を表す「頁」と、大きい意味の「原」を合わせた字。大きな頭を表し、「ねがう」意味に用いる。

使い方を覚えよう
①願望をかなえる。
②念願の海外旅行に行く。
③悲願を達成する。
④幸せを願う。

送りがなの練習

願う（ねが-う）

岐

おん　（キ）
くん　―

しっかりはらう

部首　山（やまへん）　画数　7画

意味
中国の山「岐山(きざん)」の名前を表す字から借(か)りて、「わかれる」意味を表す。

使い方を覚(おぼ)えよう

①岐阜県(ぎふけん)の大学。
②岐阜市(ぎふし)に行く。
③岐阜県(ぎふけん)の山。
④父は岐阜(ぎふ)出身だ。

希

おん　キ
くん　―

つき出す
はねる

部首　巾（はば）　画数　7画

注意点
「布」の部分は「一」より「ノ」を先に書くことに注意する。

使い方を覚えよう

①希望(きぼう)を持つ。
②希少(きしょう)動物をほごする。
③平和を希求(ききゅう)する。
④空気が希(き)はくだ。

季

おん　キ
くん　—

練習

季（とめる・はねる）

一　二　千　禾　禾　季　季　季

部首　子（こ）
画数　8画

注意点
「委」と形がにているので注意する。

使い方を覚えよう
①季節がうつり変わる。
②四季がめぐる。
③はいくの季語。
④春季大運動会

旗

おん　キ
くん　はた

練習

旗（まっすぐ下につける）

部首　方（ほうへん・かたへん）
画数　14画

成り立ち
はたを表す「㫃」と、四角の意味と音を表す「其」を合わせた字。四角形のぬのの「はた」の意味を表す。

使い方を覚えよう
①旗手をつとめる。
②国旗をかかげる。
③旗をふる。
④旗色が悪い。

器

おん　キ

くん　（うつわ）

練習

つき出す

部首　口（くち）

画数　15画

成り立ち

多くの口と犬とで、多くの犬が鳴きさけぶ意味を表し、転じて「うつわ」の意味に用いる。

使い方を覚えよう

① 器用に手先を使う。
② 実験の器具をそろえる。
③ 楽器をえんそうする。
④ 食器をかたづける。

機

おん　キ

くん　（はた）

練習

はねる

とめる

部首　木（きへん）

画数　16画

注意点

「機械」と「器械」の使い分けに注意する。「機械」は、動力を用いるふくざつな仕組みのもの。

使い方を覚えよう

① 機械を動かす。
② 機会をのがす。
③ 飛行機が飛び立つ。
④ 機転を働かせる。

議

おん　ギ

くん　―

点の位置に注意

はねる

部首　言（ごんべん）

画数　20画

成り立ち

言＋義（正しい）＝議

事の正当さを話し合う

練習

使い方を覚えよう

①議会が開かれる。
②会議に出席する。
③二国間で協議する。
④不思議な出来事。

求

おん　キュウ

くん　もと-める

とめ　としない

はねる

部首　氺（したみず）

画数　7画

成り立ち

毛皮をつり下げた形

→求

練習

使い方を覚えよう

①求人広こくを出す。
②要求にこたえる。
③幸福を追求する。
④協力を求める。

送りがなの練習

（もと-める）

求める

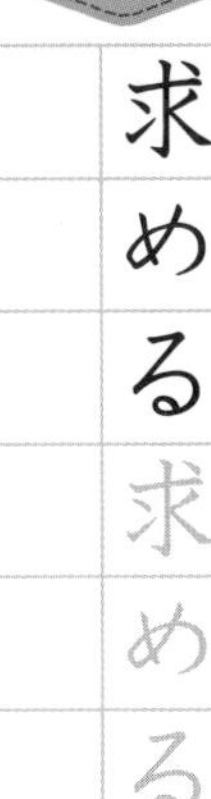

カ

泣

おん （キュウ）
くん な-く

練習

まっすぐ下につける

泣

送りがなの練習

（な-く）
泣く

部首 氵（さんずい）　画数 8画

注意点
「泣く」と「鳴く」の使い分けに注意する。「泣く」は人がなくとき、「鳴く」は鳥や動物、虫がなくときに用いる。

使い方を覚えよう
① 大声で泣く。
② 泣き声が聞こえる。
③ 子どもの泣き顔。
④ もらい泣きをする。

給

おん キュウ
くん ―

練習

とめる

給

部首 糸（いとへん）　画数 12画

意味
切れかかった糸をつなぎ合わせる意味から、足りないものを足すこと、「たまう（＝あたえる）」意味を表す。

使い方を覚えよう
① 給食の時間になる。
② マラソンの給水所。
③ 会社から給料をもらう。
④ ガソリンを給油する。

挙

おん　キョ

くん　あ-げる　あ-がる

部首　手（て）　画数　10画

注意点
書くときは、「⺍」を「ｗ」としないように注意する。

練習

挙（⺍としない／はねる）

送りがなの練習

挙げる（あ-げる）

挙がる（あ-がる）

使い方を覚えよう

①挙手（きょしゅ）して意見をのべる。
②市長選挙（せんきょ）が行われる。
③一挙（いっきょ）に差（さ）がちぢまる。
④手を挙（あ）げる。

漁

おん　ギョ・リョウ

くん　――

部首　氵（さんずい）　画数　14画

注意点
「リョウ」の読みは、狩（か）りをする「猟（りょう）」に対する言葉として作られた。

練習

漁（点の向きに注意）

使い方を覚えよう

①漁船（ぎょせん）が出港する。
②漁業（ぎょぎょう）をいとなむ。
③朝早く漁（りょう）に出る。
④父は漁（りょう）しだ。

共

おん　キョウ
くん　とも

練習

共（上の横ぼうより長く・とめる）

部首　八（はち）
画数　6画

意味
両手で物をささげている意味から転じて、「ともに」の意味に用いる。

使い方を覚えよう
①共通の友達がいる。
②相手の話に共感する。
③部屋を共有する。
④共働きの夫ふ。

協

おん　キョウ
くん　―

練習

協（はねる）

部首　十（じゅう）
画数　8画

成り立ち
十（ひとまとめにする）＋劦（力を合わせる）＝協

使い方を覚えよう
①協力して作品を作る。
②相手の国と協議する。
③協会をせつ立する。
④協調して物事にあたる。

鏡

おん　キョウ
くん　かがみ

練習

とめる。へとしない
上にはねる

部首　金（かねへん）　画数　19画

成り立ち
音を表す「竟」は、かげを意味する。「金」と合わせて、すがたをうつし出す金ぞくの「かがみ」の意味を表す。

使い方を覚えよう
①望遠鏡（ぼうえんきょう）で星を見る。
②母の鏡台（きょうだい）。
③鏡（かがみ）がわれる。
④手鏡（てかがみ）に顔をうつす。

競

おん　キョウ・ケイ
くん　（きそ-う）（せ-る）

練習

上にはねる（はねかたのちがいに注意）
しとしない

部首　立（たつ）　画数　20画

成り立ち 
二人が言い争（あらそ）う形からできた字。

使い方を覚えよう
①競争（きょうそう）に負ける。
②五十メートル競走（きょうそう）。
③競泳（きょうえい）大会に出場する。
④競馬場（けいばじょう）で走る馬。

極

おん　キョク・（ゴク）
くん　（きわ-める）・（きわ-まる）（きわ-み）

部首　木（きへん）　画数　12画

意味
最も高いところの木、家のむな木の意味から、最高・最上の意味、「きわめる」意味を表す。

練習
極（了・万としない）
一 十 才 木 朩 朾 朾 柯 柯 柯 栖 極

使い方を覚えよう
① 南極にすむペンギン。
② 積極的に発言する。
③ 北極星がかがやく。
④ 極地をたんけんする。

熊

おん　―
くん　くま

部首　灬（れっか・れんが）　画数　14画

注意点
書くときは、「灬」を「心」としないように注意する。

練習
熊（はねる）
ㄥ ム 㠯 育 育 育 育 能 能 能 能 熊 熊 熊

使い方を覚えよう
① 人里に熊が出る。
② 熊本県の人気者。
③ 熊手を使う。
④ 熊ぜみが鳴く。

訓

おん　クン
くん　―

部首　言（ごんべん）　画数　10画

意味
言葉でしたがわせる意味から、「おしえる」意味を表す。

練習
点の打ちかたに注意

使い方を覚えよう
①漢字の音と訓(くん)。
②ぼうさい訓練(くんれん)をする。
③教訓(きょうくん)を守る。
④漢字の訓読(くんよ)みを調べる。

軍

おん　グン
くん　―

部首　車（くるま）　画数　9画

注意点
書くときは、「冖」を「宀」「亠」としないように注意する。

練習
宀としない
長く

使い方を覚えよう
①軍(ぐん)を指きする。
②軍隊(ぐんたい)を組しきする。
③軍手(ぐんて)をはめる。
④空軍(くうぐん)の兵(へい)し。

郡

おん　グン
くん　―

練習

郡（阝としない）

部首　阝（おおざと）
画数　10画

成り立ち
「阝」（むら）と、集まる意味の「君」を合わせた字。「村落の集合体」の意味を表す。

使い方を覚えよう
①市と郡。
②郡部に住む。
③郡の町と村。
④郡が市となる。

群

おん　グン
くん　む-れる
　　　む-れ・むら

練習

群（出す・出さない）

部首　羊（ひつじ）
画数　13画

意味
羊のむれを表し、「むらがる」「むれ」の意味に用いる。

使い方を覚えよう
①群馬県の温せん。
②さるが群集する。
③魚が群れを作る。
④パンにありが群がる。

送りがなの練習

群れる（む-れる）

群れ（む-れ）

径

おん　ケイ
くん　—

練習

くっつけない
上より長く

部首　彳（ぎょうにんべん）　画数　8画

注意点
「軽」と形がにているので注意する。

使い方を覚えよう
①球の半径（はんけい）。
②円の直径（ちょっけい）。
③直径（ちょっけい）五センチメートル。
④口径（こうけい）の大きいレンズ。

景

おん　ケイ
くん　—

練習

まっすぐ下につける
長く

部首　日（ひ）　画数　12画

注意点
特別（とくべつ）な読みの言葉「景色（けしき）」に注意する。

使い方を覚えよう
①ゲームの景品（けいひん）。
②景気（けいき）が悪い。
③美しい風景（ふうけい）に感動する。
④都市の夜景（やけい）。

芸

おん　ゲイ
くん　―

練習

芸（やや長く）

一　十　艹　廿　芸　芸　芸

部首　艹（くさかんむり・そうこう）
画数　7画

注意点
書くときは、横ぼうの長短に注意する。

使い方を覚えよう
①イルカが芸をする。
②工芸品をながめる。
③学芸会の練習をする。
④アシカの曲芸。

欠

おん　ケツ
くん　か-ける　か-く

練習

欠（「とめない」）

ノ　ケ　ケ　欠

部首　欠（あくび）
画数　4画

成り立ち
人が大きな口を開け身をかがめた様子

使い方を覚えよう
①欠点を直す。
②会議を欠席する。
③茶わんが欠ける。
④注意を欠く。

送りがなの練習

（か-ける）
欠ける　欠ける

（か-く）
欠く　欠く

結

おん　ケツ
くん　むす-ぶ　（ゆ-う）・（ゆ-わえる）

部首　糸（いとへん）　画数　12画

意味
「吉」はかたくしめるという意味と音を表す。「糸」を合わせて、「むすぶ」意味に用いる。

練習

結（土としない）

送りがなの練習

（むす-ぶ）
結ぶ

使い方を覚えよう
①チームを結成する。
②良い結果を出す。
③物語が完結する。
④ひもを結ぶ。

建

おん　ケン・（コン）
くん　た-てる　た-つ

部首　廴（えんにょう・いんにょう）　画数　9画

注意点
使い方に注意する。
・建てる…家・どうぞう・ビル
・立てる…計画・ぼう・旗

練習

建（出す）（出す）

送りがなの練習

（た-てる）
建てる

（た-つ）
建つ

使い方を覚えよう
①建国記念の日を祝う。
②古い建ちく物。
③家を建てる。
④五階建てのビル。

カ

健

おん　ケン
くん　（すこ-やか）

部首　亻（にんべん）　画数　11画

成り立ち
「人」と「建」（たつ）とで、人がしっかり立つことから、「たけし」「すこやか」の意味を表す。

使い方を覚えよう
① 健康に気をつける。
② 健全に育つ。
③ 強健な肉体。
④ ほ健室の先生。

練習

験

おん　ケン・（ゲン）
くん　—

部首　馬（うまへん）　画数　18画

成り立ち
「馬」と、音を表す「僉」を合わせた字。馬の名前を表していたが、借りて「しるし」「ためす」意味に用いる。

使い方を覚えよう
① 試験に受かる。
② 理科の実験。
③ 自分の体験を語る。
④ 大学を受験する。

練習

固

おん　コ

くん　かた-める・かた-まる　かた-い

練習

固（まっすぐ）

送りがなの練習

（かた-める）固める

（かた-い）固い

部首　口（くにがまえ）

画数　8画

成り立ち

口（かこい）＋古（かたい）＝固

使い方を覚えよう

①ロープで固定（こてい）する。
②日本固有（こゆう）の生物。
③ゼリーを固（かた）める。
④固（かた）い約束（やくそく）をかわす。

功

おん　コウ・(ク)

くん　―

練習

功（はねる）

部首　力（ちから）

画数　5画

注意点

書くときは、「エ」を「土」、「力」を「刀」としないように注意する。

使い方を覚えよう

①功名（こうみょう）を立てる。
②功（こう）せきをあげる。
③功労者（こうろうしゃ）をたたえる。
④大会の成功（せいこう）をいのる。

好

おん　コウ
くん　この-む　す-く

練習

送りがなの練習

好む（この-む）
好く（す-く）

部首　女（おんなへん）　画数　6画

成(な)り立ち
「女」と「子」を合わせた字。女せいが子をいつくしむ意味で、「このむ」意味を表す。

使い方を覚(おぼ)えよう
①相手に好感(こうかん)を持つ。
②大好物(だいこうぶつ)のおかし。
③赤い服を好(この)む。
④好(す)きな音楽をきく。

香

おん　（コウ）・（キョウ）
くん　か・かお-り・かお-る

部首　香（かおり）　画数　9画

成り立ち
「黍(きび)（禾）」と、あまい意味を表す「甘」（→日）に変化(へんか)）を合わせた字。「うまそうなにおい」の意味を表す。

使い方を覚えよう
①香川県(かがわけん)への旅。
②香(かお)りをかぐ。
③あまい香(かお)り。
④花が香(かお)る。

練習

送りがなの練習

香り（かお-り）

香る（かお-る）

候

おん　コウ
くん　（そうろう）

練習

候（あまり長くしすぎない／出さない）

部首　亻（にんべん）　画数　10画

注意点
書くときは、「矢」を「失」としないように注意する。

使い方を覚えよう
①天候（てんこう）にめぐまれる。
②気候（きこう）が変動（へんどう）する。
③あたたかな気候（きこう）。
④あいにく悪天候（あくてんこう）となる。

康

おん　コウ
くん　―

練習

康（まっすぐ下につける／はねる

丶　亠　广　庐　庐　庐　序　庚　康　康　康

部首　广（まだれ）　画数　11画

注意点
書くときは、「隶」のたてぼうは、ひと続き（つづ）きで書くことに注意する。

使い方を覚えよう
①健康（けんこう）な体を作る。
②健康（けんこう）しんだんを受ける。
③不健康（ふけんこう）な生活を改（あらた）める。
④小康（しょうこう）じょうたいが続く。

佐

おん　サ
くん　―

部首　亻（にんべん）
画数　7画

成(な)り立ち
亻（人）＋左（ひだり）＝佐（たすける）

練習

佐　とめる

丿　亻　亻　仁　仕　佐　佐　佐

使い方を覚(おぼ)えよう
①主役のほ佐(さ)。
②大佐(たいさ)の命令(めいれい)。
③佐賀県(さがけん)に住む。
④「土佐日記(とさにっき)」を読む。

差

おん　サ
くん　さ-す

部首　工（こう）
画数　10画

意味
たれた草の葉がふぞろいな様子を表すことから、「ちがう」意味。

練習

差　厂としない　長く

丶　丷　䒑　䒑　半　羊　羊　差　差　差

使い方を覚えよう
①点差(てんさ)をちぢめる。
②大差(たいさ)で負ける。
③かさを差(さ)す。
④日差(ひざ)しがまぶしい。

送りがなの練習
（さ-す）
差す
差す

菜

おん　サイ
くん　な

部首　艹（くさかんむり・そうこう）　画数　11画

成り立ち

艹 ＋ 采（とる） ＝ 菜（さい集して食用にする草）

使い方を覚えよう

① 庭に菜園（さいえん）をつくる。
② 野菜（やさい）を育てる。
③ 菜の花（はな）がさく。
④ 青菜（あおな）をいためる。

最

おん　サイ
くん　もっと-も

練習

部首　日（いわく・ひらび）　画数　12画

注意点

書くときは、「日」を「目」としないように注意する。

使い方を覚えよう

① 最近（さいきん）起こった出来事。
② 最高（さいこう）とく点を出す。
③ 最後（さいご）のあいさつをする。
④ 最（もっと）も楽しい時間。

送りがなの練習

最も（もっと-も）

埼

おん　―

くん　さい

練習

はねる

一 十 土 圹 圹 垰 垰 垰 埣 埣 埼

部首　土（つちへん・どへん）　画数　11画

成り立ち

土（つち）＋奇（かたむく）＝埼（みさき・山のつき出たところ）

使い方を覚えよう

①埼玉県の人口。
②埼玉県に行く。
③埼京線に乗る。
④埼玉県は内陸部だ。

材

おん　ザイ

くん　―

練習

やや出す　とめる　はねる

一 十 才 木 村 村 材

部首　木（きへん）　画数　7画

成り立ち

「木」と、十文字の材木の意味を表す「才」を合わせた字。材木の意味の「才」が才のうの意味に用いられたので、区別して「木材」の意味に用いる。

使い方を覚えよう

①料理の材料を買う。
②木材を加工する。
③教材をそろえる。
④取材を受ける。

崎

おん　―

くん　さき

練習

はねる

部首　山（やまへん）　画数　11画

成り立ち

「山」と、つき出る意味と音（おん）を表す「奇」を合わせた字。「山がけわしい」、また「みさき」の意味を表す。

使い方を覚えよう

① 長崎（ながさき）の公園を歩く。
② 長崎（ながさき）名物のカステラ。
③ 宮崎県（みやざきけん）を旅行する。
④ 川崎市（かわさきし）は工業の町だ。

昨

おん　サク

くん　―

練習

あける。　ト としない

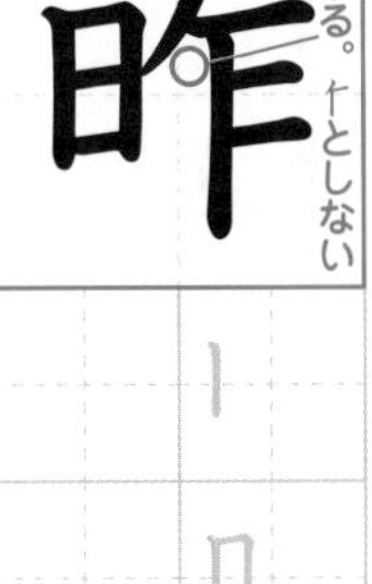
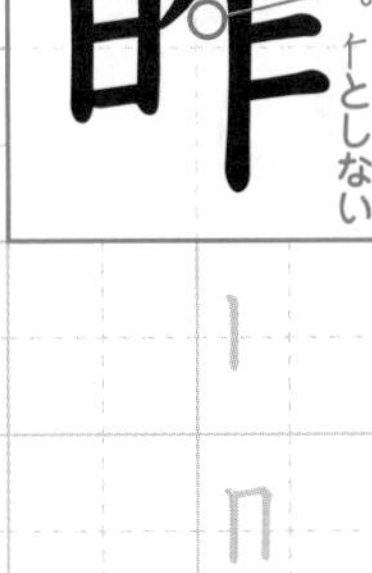
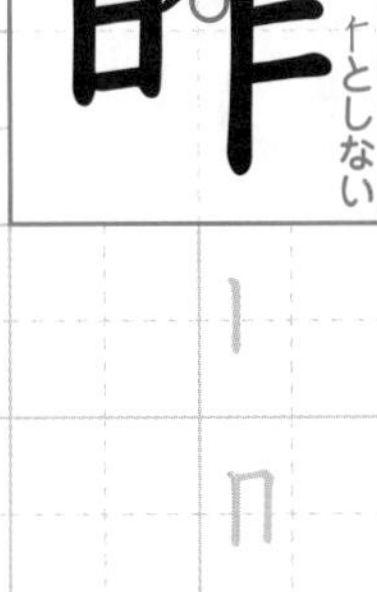
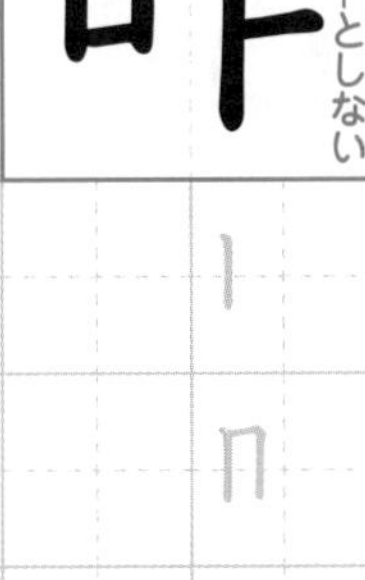
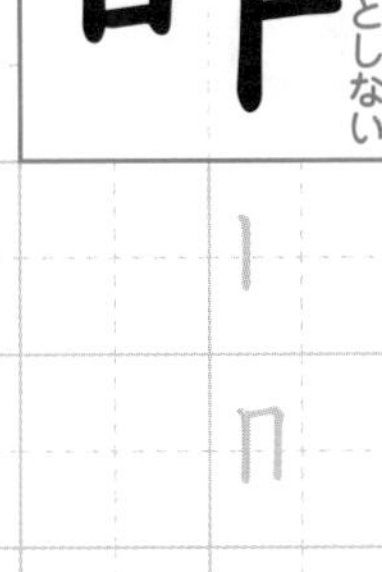
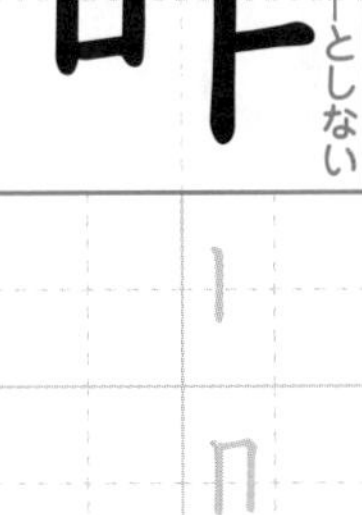
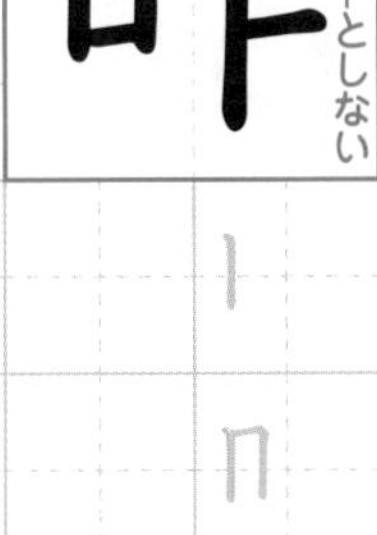
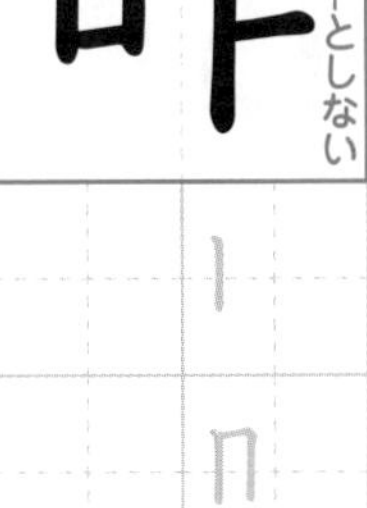
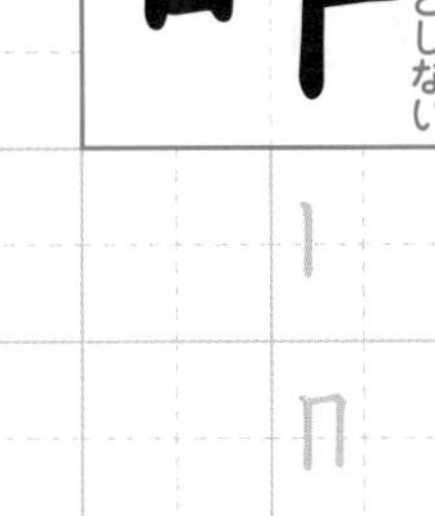
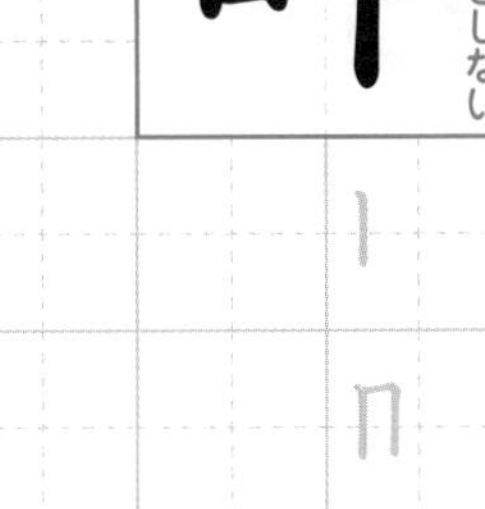
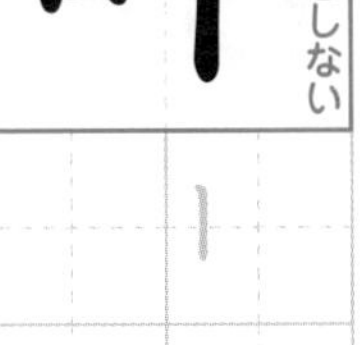
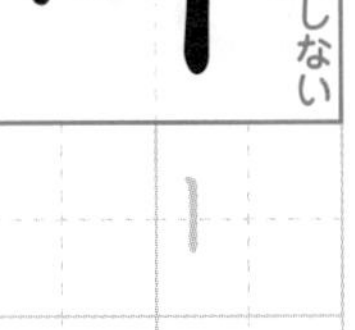
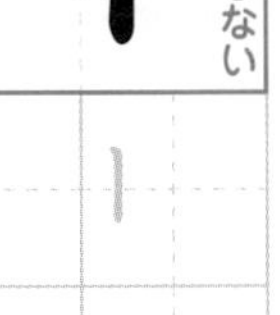
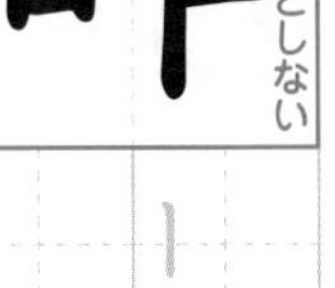
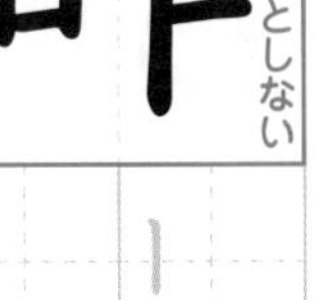

部首　日（ひへん・にちへん）　画数　9画

成り立ち

「日」と、先の意味と音を表す「乍」を合わせた字。「先の日」の意味を表す。

使い方を覚えよう

① 昨年（さくねん）の夏は暑かった。
② 昨夜（さくや）の九時ごろ。
③ 昨日（さくじつ）は雨だった。
④ 一昨日（いっさくじつ）は外出していた。

サ

札

おん　サツ
くん　ふだ

練習

札

角をつけずに曲げて上にはねる

一 十 オ 木 札

部首　木（きへん）　画数　5画

成り立ち
「木」と、けずる意味と音を表す「し」を合わせた字。うすく切った木ふだ、文字を書く「ふだ」の意味を表す。

使い方を覚えよう
①駅の改札を通る。
②家の表札。
③千円札を出す。
④むねに名札をつける。

刷

おん　サツ
くん　す-る

練習

刷

つき出す
はねる

フ コ 尸 尸 局 吊 刷 刷

部首　刂（りっとう）　画数　8画

意味
はものでこすり取ることから、「する」「こする」意味に用いる。

使い方を覚えよう
①ポスターを印刷する。
②印刷物をとどける。
③組しきを刷新する。
④はん画を刷る。

送りがなの練習

刷る（す-る）

刷る

察

おん　サツ
くん　―

練習

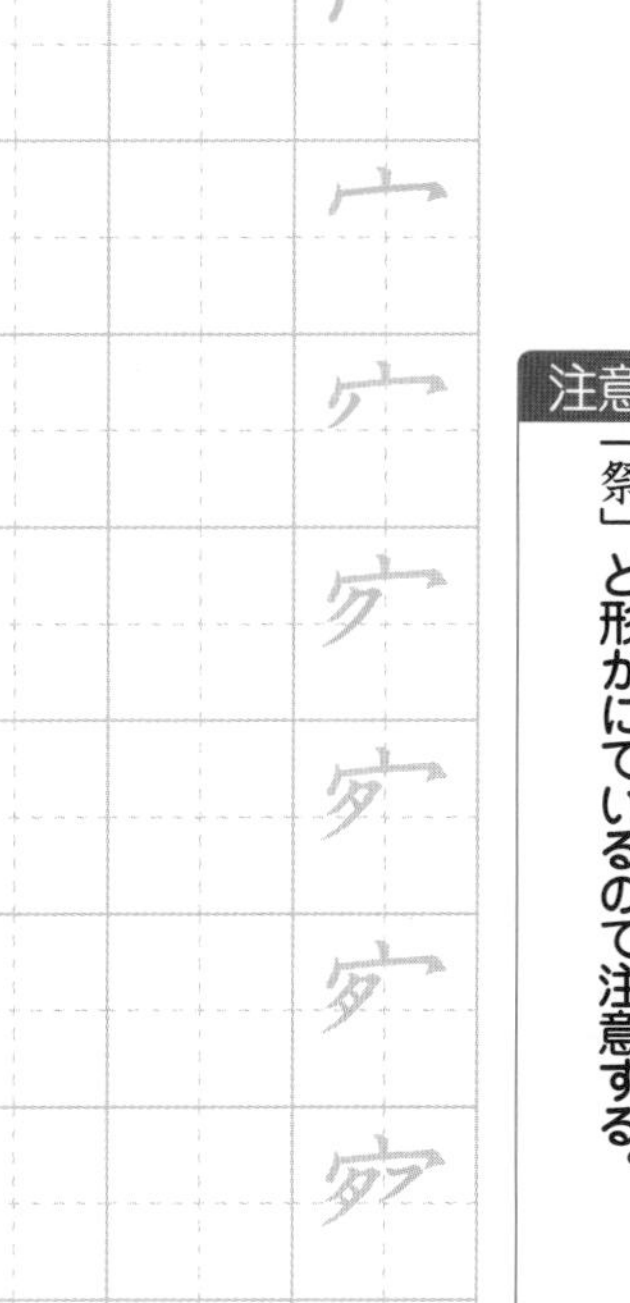

部首　宀（うかんむり）
画数　14画

注意点
「祭」と形がにているので注意する。

使い方を覚えよう

①気配を察知（さっち）する。
②こん虫の観察（かんさつ）をする。
③けい察（さつ）に通ほうする。
④気持ちを察（さっ）する。

参

おん　サン
くん　まい-る

練習

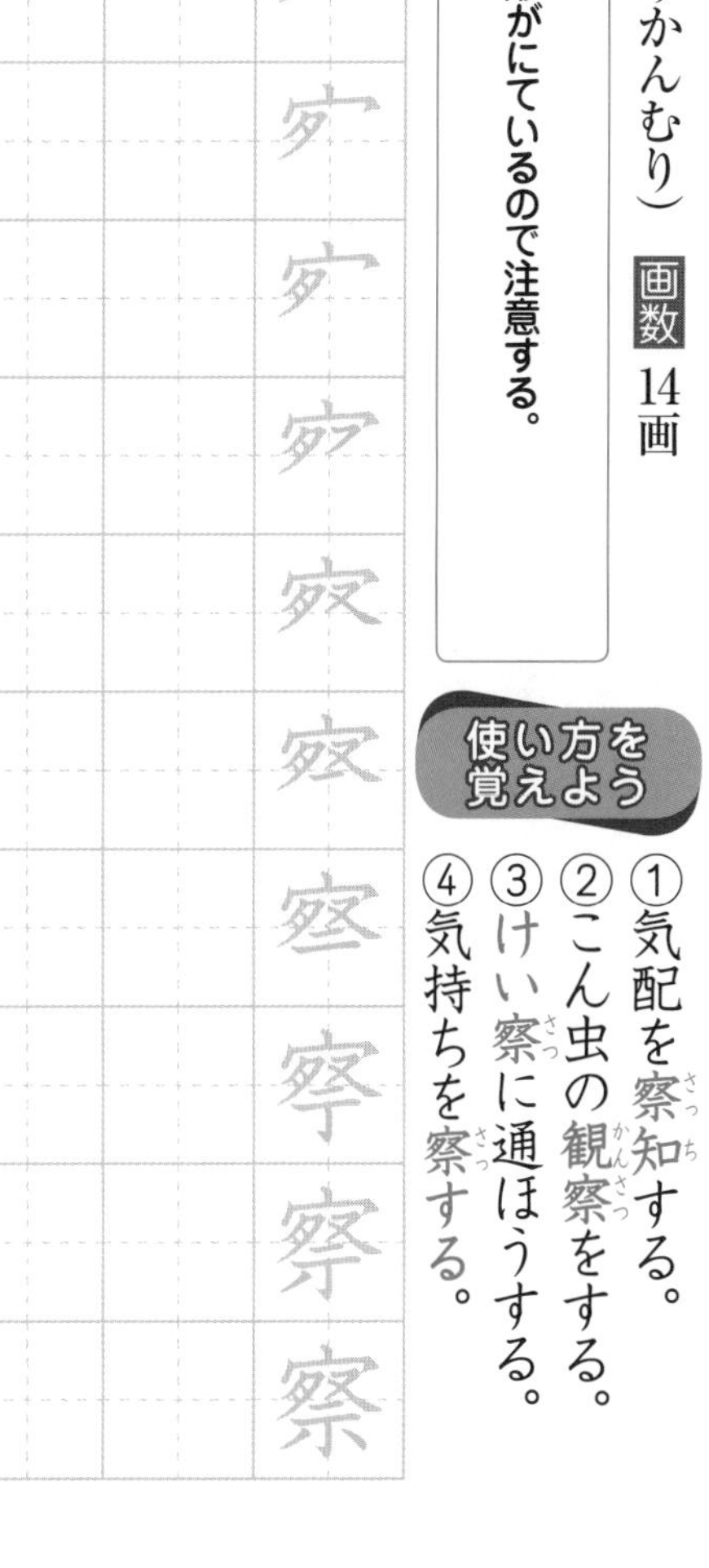

部首　ム（む）
画数　8画

成り立ち
頭の上にかんざしをつけている様子
美しくかがやく
↓
参

使い方を覚えよう

①大会に参加（さんか）する。
②友達（ともだち）の話を参考（さんこう）にする。
③昼食を持参（じさん）する。
④お寺に参（まい）る。

送りがなの練習

参る（まい-る）

サ

産

おん　サン

くん　う-む・う-まれる（うぶ）

部首　生（うまれる）　画数　11画

注意点
使い方に注意する。
・産む…子どもやたまごを母体から出す。
・生む…新しく世に送り出す。

使い方を覚えよう
①産業を育成する。
②国産の食品を食べる。
③農作物を生産する。
④赤ちゃんが産まれる。

練習
産（やや長く）
丶 亠 亣 立 产 产 产 産 産 産 産

送りがなの練習
（う-む）産む 産む
（う-まれる）産まれる 産まれる

散

おん　サン

くん　ち-る・ち-らす・ち-らかす・ち-らかる

部首　攵（ぼくにょう・のぶん）　画数　12画

注意点
書くときは、「攵」を「又」としないように注意する。

使い方を覚えよう
①公園を散歩する。
②さくらの花びらが散る。
③ごみを散らかす。
④部屋が散らかる。

練習
散（長く・はねる）
一 十 艹 丗 丗 昔 昔 背 背 散 散 散

送りがなの練習
（ち-る）散る 散る
（ち-らかす）散らかす 散らかす

残

おん　ザン
くん　のこ-る
のこ-す

練習

出す
はねる

送りがなの練習

（のこ-る）
残る

（のこ-す）
残す

部首　歹（がつへん・かばねへん）
画数　10画

注意点
部首「歹」は、「がつへん・かばねへん」という。
また「いちたへん」ということもある。

使い方を覚えよう
①残念な結果に終わる。
②おそくまで残業する。
③お金が残る。
④おかずを残す。

氏

おん　シ
くん　（うじ）

練習

はねる
はねる

部首　氏（うじ）
画数　4画

成り立ち
先がうすいさじの形

使い方を覚えよう
①氏名を記す。
②名札に氏名を書く。
③平氏の一族。
④山田氏と会う。

司

おん　シ

くん　―

部首　口（くち）

画数　5画

注意点

部首は「口（くち）」であることに注意する。「口」はこの字では「いのりの言葉」を意味する。

使い方を覚えよう

①司会をつとめる。
②司会者があいさつする。
③会社の上司。
④行司が軍配をあげる。

試

おん　シ

くん　こころ-みる（ため-す）

部首　言（ごんべん）

画数　13画

注意点

送りがなに注意する。
×試る　試ろみる
○試みる

使い方を覚えよう

①試験を受ける。
②試合にのぞむ。
③高校の入試がある。
④実験を試みる。

（こころ-みる）
試みる

児

おんジ・（ニ）
くん―

あける
角をつけない

部首　儿（にんにょう・ひとあし）　画数　7画

成り立ち
頭のほねがまだ合わない様子からできた字。おさない子どもの意味を表す。

練習

使い方を覚えよう
①児童公園で遊ぶ。
②育児にはげむ。
③ほ育園の園児たち。
④鹿児島に旅行する。

治

おん　ジ・チ
くん　おさ-める・おさ-まる・なお-る・なお-す

とめる

部首　氵（さんずい）　画数　8画

注意点
使い方に注意する。
・病気を治す。
・機械を直す。

練習

送りがなの練習
治める（おさ-める）
治る（なお-る）

使い方を覚えよう
①せい治家になる。
②この町は治安が良い。
③国を治める。
④けがを治す。

滋

おん　（ジ）
くん　―

練習

滋

とめる

部首　氵（さんずい）
画数　12画

成り立ち
氵（水）＋兹（ます）＝滋（植物をふやす雨）

使い方を覚えよう

① 滋賀県のびわ湖。
② 滋賀の都。
③ 滋賀県の特産品。
④ 滋賀を観光する。

辞

おん　ジ
くん　（やめる）

練習

辞

チとしない

部首　辛（しん・からい）
画数　13画

注意点
書くときは、「辛」の横ぼうの数と長さに注意する。「立」の下の横ぼうを長く書く。

使い方を覚えよう

① 辞書で意味を調べる。
② 国語辞典を買う。
③ 会社に辞表を出す。
④ 卒業生が答辞を読む。

鹿

おん ―
くん しか・か

練習

鹿（はらう）

部首 鹿（しか）
画数 11画

成り立ち 
えだの出た角のあるおじかの形 → 鹿

使い方を覚えよう
① 鹿（しか）を見る。
② 鹿（しか）の親子。
③ かわいい子鹿（こじか）。
④ 鹿児島県（かごしまけん）へ行く。

失

おん シツ
くん うしな-う

練習

失（出す／上の横ぼうより長く）

部首 大（だい）
画数 5画

成り立ち 
「手」（手）とぬけ出る意味と音（おん）を表す「乙」（乙）を合わせた字。手から物を取り落とす、「うしなう」意味を表す。

使い方を覚えよう
① 実験（じっけん）が失敗（しっぱい）する。
② 失礼（しつれい）なことを言う。
③ 気力を失（うしな）う。
④ 友達（ともだち）を見失（みうしな）う。

送りがなの練習

失う（うしな-う）

借

おん　シャク
くん　か-りる

練習

長く。せとしない

借

送りがなの練習

借りる（か-りる）

部首　亻（にんべん）　画数　10画

意味
人に力ぞえをする「かす」意味が転じて、助けを「かりる」意味に用いる。

使い方を覚えよう

①借金（しゃっきん）を返す。
②借家（しゃくや）に住む。
③ここは借地（しゃくち）だ。
④自転車を借（か）りる。

種

おん　シュ
くん　たね

練習

短く　とめる

種

部首　禾（のぎへん）　画数　14画

注意点
書くときは、「禾」を「示」「木」「ネ」としないように注意する。

使い方を覚えよう

①自動車の種類（しゅるい）。
②ひまわりの種子（しゅし）。
③植物の品種（ひんしゅ）。
④土に種（たね）をまく。

周

おん　シュウ
くん　まわ-り

部首　口（くち）　画数　8画

注意点
使い方に注意する。
・池の周(まわ)り。
・モーターの回り具合。

使い方を覚えよう
① 森の周辺(しゅうへん)を歩く。
② 周(しゅう)いの様子をさぐる。
③ グラウンドを一周(いっしゅう)する。
④ 周(まわ)りは田んぼだ。

練習

周（士としない／はねる）

ノ 冂 冂 円 円 周 周 周

送りがなの練習

（まわ-り）
周り　周り

祝

おん　シュク・（シュウ）
くん　いわ-う

部首　ネ（しめすへん）　画数　9画

成り立ち
神の前にひざまずき、口を開いた人の様子からできた字。

使い方を覚えよう
① 明日は祝日(しゅくじつ)だ。
② 祝福(しゅくふく)を受ける。
③ 入学を祝(いわ)う。
④ 祝(いわ)いの品をおくる。

練習

祝（点の打ちかたに注意／上にはねる）

丶 ラ ネ ネ ネ' 初 初 祀 祝

送りがなの練習

（いわ-う）
祝う　祝う

順

おん　ジュン
くん　—

練習

順　とめる

丿　川　川　川一　川丆　川丙　川百　川頁　川頁　順　順

部首　頁（おおがい）　画数　12画

成り立ち
顔を表す「頁」と、「したがう」意味と音を表す「川」を合わせた字。顔つきがおだやかですなおな意味から、「したがう」意味を表す。

使い方を覚えよう
①順番を守る。
②順調に走る。
③徒競走の順位。
④道順をまちがえる。

初

おん　ショ
くん　はじ-め・はじ-めて・はつ（うい）・（そ-める）

練習

初　はねる

丶　ラ　ネ　ネ　ネ　初　初

部首　刀（かたな）　画数　7画

成り立ち
衣を表す「ネ」と「刀」を合わせた字。衣服をぬう前にぬのをたち切ることから、物事の「はじめ」の意味を表す。

使い方を覚えよう
①最初から始める。
②物語の初めの部分。
③初めて登山をする。
④初の入しょうを果たす。

送りがなの練習

（はじ-め）初め　初め

（はじ-めて）初めて　初めて

松

おん　ショウ
くん　まつ

練習

松　とめる

一 十 オ 木 木 松 松 松

部首　木（きへん）　画数　8画

成り立ち
「木」と、みっ集する意味と音を表す「公」を合わせた字。細い葉がすき間なく生える木、「まつ」の意味を表す。

使い方を覚えよう
① 松竹梅（しょうちくばい）のかざり。
② 松（まつ）の木を植える。
③ 正月の松（まつ）かざり。
④ 海岸の松林（まつばやし）。

笑

おん　（ショウ）
くん　わら-う　（え-む）

練習

笑　天としない

ノ ⺈ ⺮ ⺮ ⺮ ⺮ 竺 竺 笑 笑

部首　⺮（たけかんむり）　画数　10画

注意点
書くときは、「夭」を「大」「天」としないように注意する。

使い方を覚えよう
① 大きな声で笑（わら）う。
② 大笑（おおわら）いをする。
③ 笑（わら）い声（ごえ）がたえない。
④ 苦笑（にがわら）いをする。

送りがなの練習

（わら-う）
笑う　笑う

唱

おん　ショウ
くん　とな-える

部首　口（くちへん）
画数　11画

成り立ち
「口」と、あげる意味と音を表す「昌」を合わせた字。声をあげて「となえる」意味を表す。

使い方を覚えよう
①みんなで合唱する。
②九九を暗唱する。
③歌唱力がある。
④念ぶつを唱える。

練習
唱
上にくらべて大きく

送りがなの練習
（とな-える）
唱える

焼

おん（ショウ）
くん　や-く
や-ける

部首　火（ひへん）
画数　12画

成り立ち
火をたきめぐらすことを表す字で、「やく」意味に用いる。

使い方を覚えよう
①魚を焼く。
②目玉焼きを作る。
③夕食は焼き肉だ。
④夕焼けがきれいだ。

練習
焼
角をつけずに曲げて上にはねる

送りがなの練習
（や-く）
焼く
（や-ける）
焼ける

照

おん　ショウ
くん　て-る・て-らす　て-れる

練習

照（点の向きに注意）

部首　灬（れっか・れんが）　画数　13画

成り立ち
昭（あきらかな）＋灬（火）＝照（火でてらし出す）

送りがなの練習
（て-る）照る
（て-れる）照れる

使い方を覚えよう
①照明が明るい。
②二人は対照的だ。
③太陽が照る。
④ほめられて照れる。

城

おん　ジョウ
くん　しろ

練習

城（点をわすれない）（ななめ右上の方向へ）

部首　土（つちへん・どへん）　画数　9画

成り立ち
土＋成（なす・つくりあげる意味と音を表す）＝城（土を固めてつくったしろのかべ）

使い方を覚えよう
①大阪城の天守かく。
②城下町を歩く。
③国内の城をめぐる。
④お城の写真をかざる。

縄

おん（ジョウ）
くん なわ

練習

縄（はねる）

部首 糸（いとへん）
画数 15画

意味
糸がよじれる意味から、糸をより合わせた「なわ」の意味を表す。

使い方を覚えよう
①縄とびをする。
②縄でしばる。
③しめ縄をかざる。
④沖縄の海。

臣

おん シン・ジン
くん ―

練習

臣（まっすぐに）

部首 臣（しん）
画数 7画

成り立ち
見開いている目の形

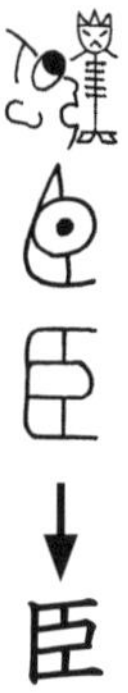

使い方を覚えよう
①王様の家臣。
②君主と臣下。
③大臣になる。
④文部科学大臣

信

おん　シン

くん　―

練習

点の打ちかたに注意

部首　亻（にんべん）

画数　9画

成り立ち

「人」と「言」（言葉）とで、人の言葉にうそがない、「まこと」の意味を表す。

使い方を覚えよう

①みんなから信用される。
②信号が赤に変わる。
③自信をつける。
④友達を信じる。

井

おん　（セイ）・（ショウ）

くん　い

練習

上の横ぼうより長く

はらう

部首　二（に）

画数　4画

成り立ち

井戸わくの形

井→井

使い方を覚えよう

①井戸水を飲む。
②三井寺へ参る。
③井の中のかわず。
④福井県の特産物を買う。

サ

成

おん　セイ・(ジョウ)

くん　なーる　なーす

練習

左上にはねる　上にはねる

送りがなの練習

(なーる)　成る

(なーす)　成す

部首　戈（ほこ・ほこづくり）

画数　6画

注意点　書き順に注意する。「𠂆」の部分は「二」より「ノ」を先に書く。

使い方を覚えよう

①実験が成功する。
②子どもが成長する。
③書類を作成する。
④漢字の成り立ち。

省

おん　セイ・ショウ

くん　(かえりーみる)　はぶーく

練習

はねる

(はぶーく)　省く

部首　目（め）

画数　9画

注意点　書くときは、「少」を「小」としたり、「目」を「日」としたりしないように注意する。

使い方を覚えよう

①行いを反省する。
②正月に帰省する。
③言葉を省りゃくする。
④むだを省く。

清

おん セイ・（ジョウ）
くん きよ-い
きよ-まる・きよ-める

部首 氵（さんずい）
画数 11画

成り立ち
「氵」（水）と、すむ意味と音を表す「青」を合わせた字。水が「すむ」ことから、「きよい」意味に用いる。

使い方を覚えよう
①手紙を清書する。
②谷底に清流をのぞむ。
③清い小川の流れ。
④心を清める。

練習
清（やや長く・はねる）
丶 冫 氵 氵一 汁 汼 浐 浐 清 清 清

送りがなの練習
清い（きよ-い）
清まる（きよ-まる）

静

おん セイ・（ジョウ）
くん しず・しず-か
しず-まる・しず-める

部首 青（あお）
画数 14画

成り立ち
「争」（あらそい）と、しずめる意味と音を表す「青」を合わせた字。争いを「しずめる」意味を表すことから、「しずか」の意味に用いる。

使い方を覚えよう
①冷静に行動する。
②家で安静にしている。
③静かな夜。
④辺りが静まる。

練習
静（つき出す・はねる）
一 十 キ 主 丰 青 青 青 青' 青ク 青刍 静 静 静

送りがなの練習
静か（しず-か）
静まる（しず-まる）

サ

席

おん　セキ

くん　―

練習

席（つき出す・はねる）

部首　巾（はば）　画数　10画

成り立ち
「巾」（きれ）と、しく意味と音を表す「庶」を合わせた字。すわる場所にしくぬのから、「すわる場所」の意味に用いる。

使い方を覚えよう
①席にすわる。
②席順を決める。
③会合に出席する。
④全員が着席する。

積

おん　セキ

くん　つ-む　つ-もる

練習

積（長く・とめる）

部首　禾（のぎへん）　画数　16画

成り立ち
「禾」（いね）と、かさねる意味と音を表す「責」を合わせた字。いねを重ねてつむことから、「つむ」意味を表す。

使い方を覚えよう
①図形の面積をはかる。
②積極的に行動する。
③荷物を車に積む。
④雪が積もる。

送りがなの練習

積む（つ-む）

積もる（つ-もる）

折

おん セツ
くん お-る・おり
お-れる

練習

（はねる）（軽くはらう）

送りがなの練習

（お-る）折る

（お-れる）折れる

部首 扌（てへん）　画数 7画

成り立ち
おので草木を切だんした様子からできた字。

使い方を覚えよう
①交差点を右折する。
②ハンカチを折りたたむ。
③折よく手紙がとどく。
④ほねが折れる。

節

おん セツ・（セチ）
くん ふし

練習

（阝としない）（艮としない）

部首 ⺮（たけかんむり）　画数 13画

成り立ち
「竹」と、たち切る意味と音を表す「即」を合わせた字。竹の一ふし一ふしをへだてる「ふし」の意味を表す。

使い方を覚えよう
①お金を節約する。
②節分に豆まきをする。
③あたたかい季節になる。
④竹の節。

サ

説

おん　セツ・(ゼイ)
くん　と-く

部首　言（ごんべん）　画数　14画

成り立ち
もとの字は「說」。「言」と、ときほぐす意味と音を表す「兌」を合わせた字。言葉でときほぐす、「とく」意味を表す。

使い方を覚えよう
①新しい説を唱える。
②方法を説明する。
③小説を読む。
④真理を説く。

練習
（ハとしない）（上にはねる）
説

送りがなの練習
（と-く）
説く

浅

おん　(セン)
くん　あさ-い

部首　氵（さんずい）　画数　9画

成り立ち
もとの字は「淺」。「氵」（水）と、少ない意味と音を表す「戔」を合わせた字。水が少ないことを表し、「あさい」意味を表す。

使い方を覚えよう
①浅い海。
②ねむりが浅い。
③浅黒いはだ。
④遠浅のビーチ。

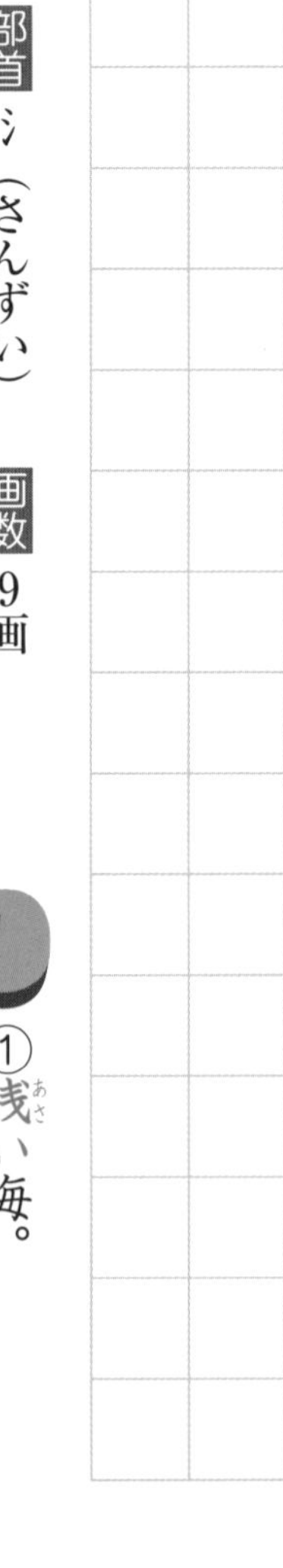

練習
（点をわすれない）（上にはねる）
浅

送りがなの練習
（あさ-い）
浅い

戦

おん　セン
くん　（いくさ）　たたか-う

戦（ツとしない／上にはねる）

練習

戦う（たたか-う）

送りがなの練習

部首　戈（ほこ・ほこづくり）　画数　13画

成り立ち
もとの字は「戰」。「戈」と、ぶ器を交える意味と音を表す「單」を合わせた字。ほこを交えて争う、「たたかう」意味を表す。

使い方を覚えよう
①戦争が起きる。
②作戦を立てる。
③試合を観戦する。
④全力で戦う。

選

おん　セン
くん　えら-ぶ

選（巳としない）

練習

選ぶ（えら-ぶ）

送りがなの練習

部首　辶（しんにょう・しんにゅう）　画数　15画

注意点
「巳巳」の部分は二つとも「己」。「巳」としないように注意する。

使い方を覚えよう
①選挙に出馬する。
②リレーの選手になる。
③予選を行う。
④好きなほうを選ぶ。

サ

然

おん　ゼン・ネン

くん　――

練習

然

点の向きに注意

ノ　ク　夕　夕　夕　外　犾　犾　然　然　然　然

部首　灬（れっか・れんが）　画数　12画

注意点

書くときは、「夕」を「夕」、「犬」を「大」としないように注意する。

使い方を覚(おぼ)えよう

①自然(しぜん)を大切にする。

②宿題が全然(ぜんぜん)終わらない。

③平然(へいぜん)とうそをつく。

④天然(てんねん)の魚を仕入れる。

争

おん　ソウ

くん　あらそ-う

練習

争

出す

はねる

ノ　ク　⺈　⺈　刍　争

部首　ク（く）　画数　6画

意味

力をこめてひっぱり合うことを表した字で、「あらそう」意味を表す。

使い方を覚えよう

①みんなで競争(きょうそう)する。

②戦争(せんそう)が終わる。

③争(あらそ)いをやめる。

④人と言(い)い争(あらそ)う。

送りがなの練習

争う（あらそ-う）

争う

倉

おん　ソウ
くん　くら

練習

点ではなく一を書く

倉

部首　人（ひとがしら）
画数　10画

成り立ち
かこいに戸がついている様子からできた字。

使い方を覚えよう
①倉庫（そうこ）に荷物をしまう。
②倉（くら）を建（た）てる。
③古い倉（くら）がならぶ。
④むな倉（ぐら）をつかむ。

巣

おん　（ソウ）
くん　す

練習

点の打ちかたに注意。⺍としない

巣

部首　⺍（つ）
画数　11画

成り立ち
木の上に鳥の巣（す）がある様子からできた字。

使い方を覚えよう
①つばめが巣（す）を作る。
②くもの巣（す）。
③巣箱（すばこ）を作る。
④鳥のひなが巣立（すだ）つ。

束

おん　ソク
くん　たば

練習

束（出す）

一 丆 百 申 束 束 束

部首　木（き）

画数　7画

成り立ち

木をしばった形からできた字。

使い方を覚えよう

①約束をやぶる。
②結束が固い。
③かみを束ねる。
④花束をおくる。

側

おん　ソク
くん　がわ

練習

側（はねる・とめる）

ノ イ 亻 伯 但 俱 但 俱 俱 側 側

部首　亻（にんべん）

画数　11画

注意点

「かわ」とも読む。

使い方を覚えよう

①ビルの側面。
②右側を通行する。
③道路の反対側。
④ドアの内側。

続

おん　ゾク
くん　つづ-く　つづ-ける

部首　糸（いとへん）　画数　13画

成り立ち
もとの字は「續」。「糸」と、つける意味と音を表す「賣」を合わせた字。切れた糸をつなぐ意味から、「つぐ」「つづく」意味を表す。

使い方を覚えよう
①計画を**続行**する。
②**連続**出場を果たす。
③ドラマの**続き**を見る。
④早起きを**続ける**。

練習

送りがなの練習
（つづ-く）続く
（つづ-ける）続ける

卒

おん　ソツ
くん　――

部首　十（じゅう）　画数　8画

意味
兵しの意味を表す。転じて、「おわる」「にわか」の意味に用いる。

使い方を覚えよう
①小学校を**卒業**する。
②春は**卒業**の季節だ。
③**卒業生**を見送る。
④**卒園式**が行われる。

練習

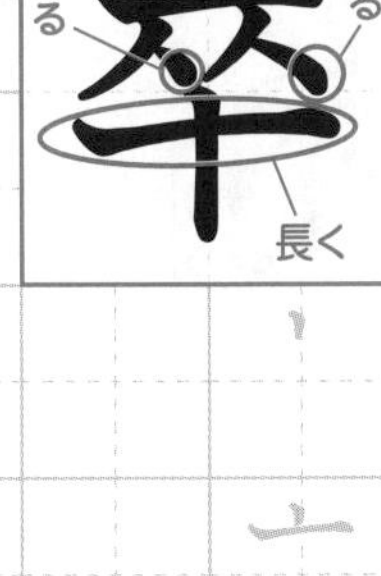
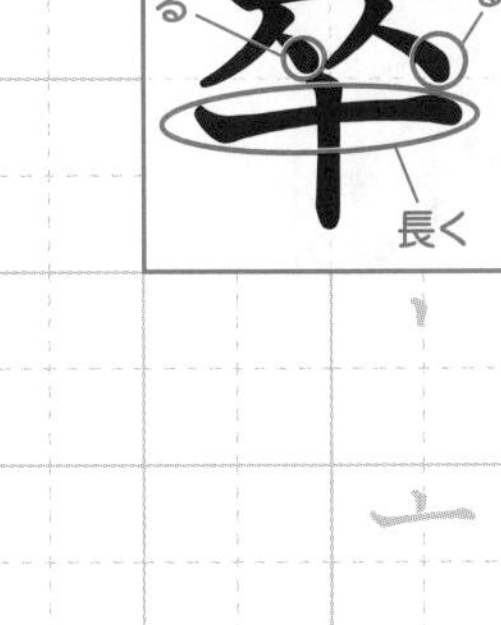
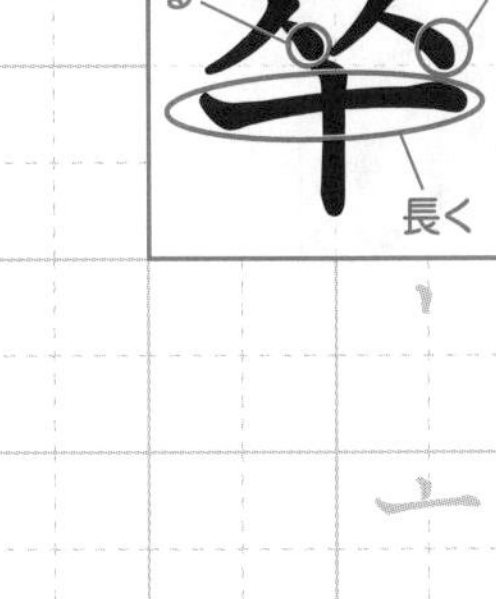
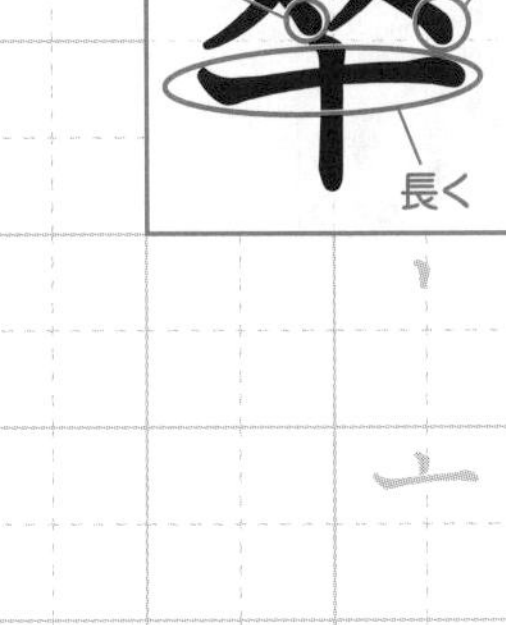
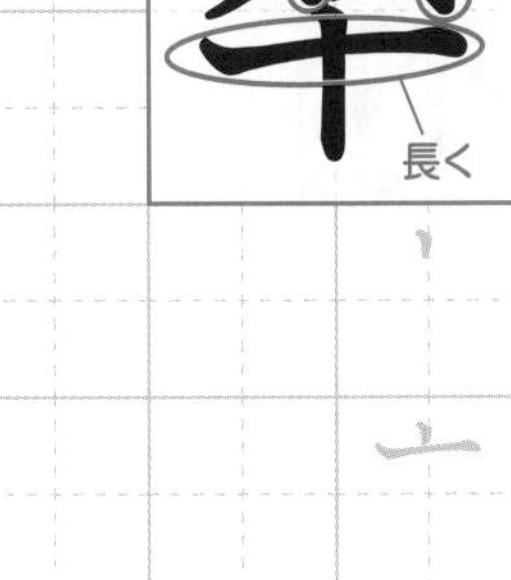
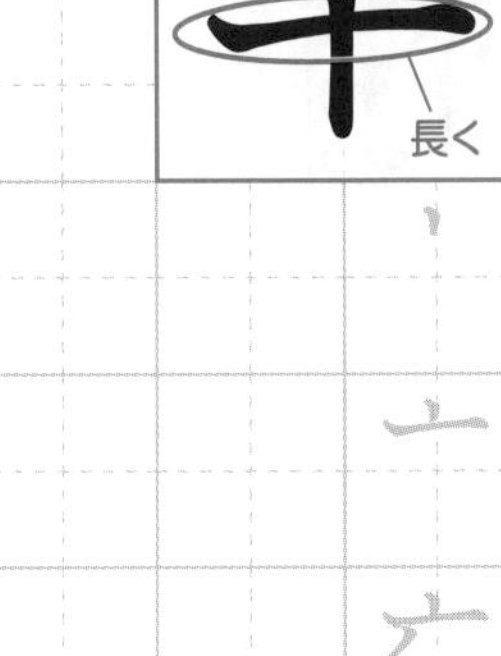

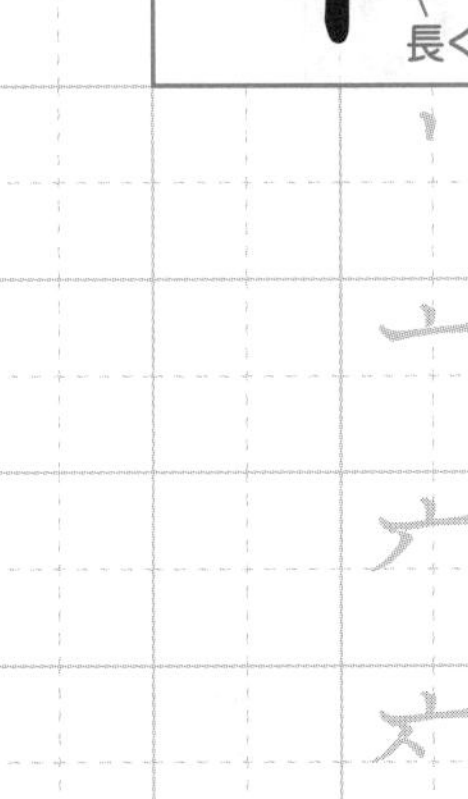

サ

孫

おん　ソン
くん　まご

部首　孑（こへん）
画数　10画

成り立ち
「子」と「系」（つなぐ・続く）とで、子のあとに続く「まご」の意味を表す。

使い方を覚えよう
①子孫のはん栄を願う。
②孫をかわいがる。
③初孫が生まれる。
④孫の手を使う。

帯

おん　タイ
くん　お-びる　おび

部首　巾（はば）
画数　10画

成り立ち
かざりを下げた帯の形
きれ
→帯

使い方を覚えよう
①包帯をまく。
②熱帯魚をかう。
③使命を帯びる。
④着物の帯。

帯びる（お-びる）
帯びる

隊

おん タイ
くん ―

練習

隊（少し丸みを持たせてはねる）

部首 阝（こざとへん） 画数 12画

注意点
書くときは、「䒑」を「丷」としないように注意する。

使い方を覚えよう
①隊長が命令を出す。
②兵隊が行進する。
③外国の軍隊。
④音楽隊のえんそう。

達

おん タツ
くん ―

練習

達（長く）

部首 辶（しんにょう・しんにゅう） 画数 12画

注意点
書くときは、「幸」を「幸」「辛」としないように注意する。

使い方を覚えよう
①目標を達成する。
②ゆう便を配達する。
③ピアノが上達する。
④産業が発達する。

サ
タ

単

おん　タン

くん　——

練習

単（⺍としない）（長く）

部首　⺍（つ）

画数　9画

成り立ち

先がふたまたになっている平たい器具の形

單 → 単

使い方を覚えよう

①重さの単位。

②単調な毎日。

③単行本を買う。

④この問題はかん単だ。

置

おん　チ

くん　お-く

練習

置（罒としない）（おさえて右に）

部首　罒（あみがしら・あみめ）

画数　13画

成り立ち

あみを表す「罒」と、まっすぐ立てる意味と音を表す「直」を合わせた字。あみをはり立てて「おく」意味を表す。

使い方を覚えよう

①位置をたしかめる。

②家具を配置する。

③えん筆を置く。

④置き物を買う。

送りがなの練習

置く（お-く）

仲

おん （チュウ）
くん なか

練習

仲（とめる）

部首 亻（にんべん）　画数 6画

注意点
書くときは、「亻」を「彳」としないように注意する。

使い方を覚えよう
①仲(なか)の良(よ)い兄弟。
②仲間(なかま)を大切にする。
③二人は仲良(なかよ)しだ。
④仲直(なかなお)りをする。

沖

おん （チュウ）
くん おき

練習

沖（ややななめ内側(うちがわ)に）

部首 氵（さんずい）　画数 7画

成り立ち
「氵」（水）と、ゆれ動く意味と音を表す「中」を合わせた字。水がわき動く意味を表し、転じて、「おき」を表す。

使い方を覚えよう
①沖(おき)まで泳ぐ。
②沖合(おきあい)漁業(ぎょぎょう)を行う。
③船が沖(おき)に出る。
④沖縄(おきなわ)の夏は暑い。

兆

おん　チョウ
くん　（きざ-す）（きざ-し）

部首　儿（にんにょう・ひとあし）
画数　6画

成り立ち
かめなどのこうらや、けもののほねに焼けぐしをあてたときにあらわれるさけ目の形

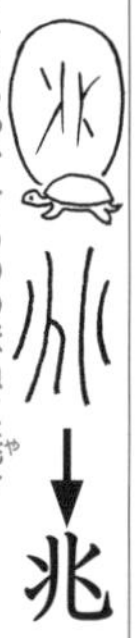

練習

点の打ちかたに注意

使い方を覚えよう
① 一兆円の予算。
② 良いことの前兆がある。
③ 地しんの兆候。
④ 兆の位。

低

おん　テイ
くん　ひく-い
ひく-める・ひく-まる

部首　亻（にんべん）
画数　7画

注意点
書くときは、「氐」を「氏」としないように、下の横ぼうに注意する。

練習

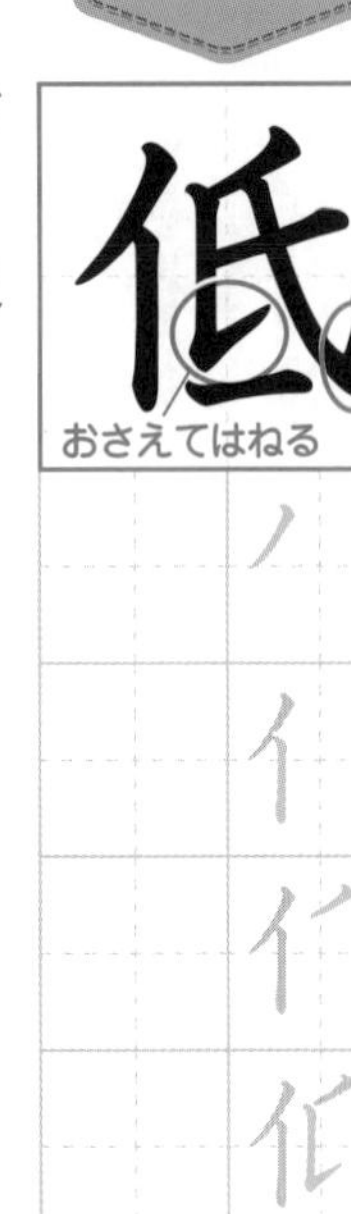

送りがなの練習
（ひく-い）低い
（ひく-める）低める

使い方を覚えよう
① 温度が低下する。
② 低学年が集合する。
③ 気温が低い。
④ 声を低める。

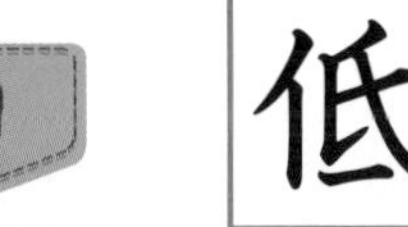

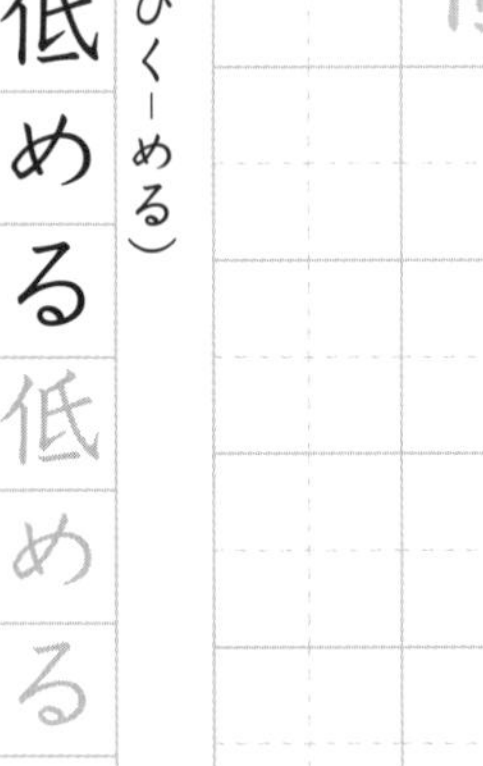

底

おん　テイ
くん　そこ

練習

おさえてはねる
はねる

部首　广（まだれ）　画数　8画

成り立ち
家を表す「广」と、根ざす意味と音(おん)を表す「氐」を合わせた字。家にとどまる意味を表し、「そこ」の意味に用いる。

使い方を覚えよう
①海底(かいてい)をたんけんする。
②コップの底(そこ)。
③川底(かわぞこ)にすむ生物。
④底力(そこぢから)を出す。

的

おん　テキ
くん　まと

練習

はねる

部首　白（しろ）　画数　8画

注意点
「テキ」は音読み、「まと」は訓読(くんよ)みであることに注意する。

使い方を覚えよう
①予感が的中(てきちゅう)する。
②目的(もくてき)を達成(たっせい)する。
③注目の的(まと)になる。
④的外(まとはず)れな意見。

タ

典

おん　テン
くん　―

練習

出す

丨　冂　巾　曲　曲　曲　典　典

部首　八（はち）

画数　8画

成り立ち
ひもでとじた竹札（たけふだ）の書物を両手で持つ様子からできた字。

使い方を覚（おぼ）えよう

① 典（てん）けい的（てき）な方法（ほうほう）を使う。
② 国語辞典（こくごじてん）で調べる。
③ 百科事典（ひゃっかじてん）を読む。
④ 式典（しきてん）をとり行う。

伝

おん　デン
くん　つた-わる・つた-える
　　　つた-う

練習

ノ　亻　仁　仁　伝　伝

部首　亻（にんべん）

画数　6画

注意点
書き方に注意する。
×伝
○伝

使い方を覚えよう

① 伝言（でんごん）をたのむ。
② 昔から伝（つた）わる話。
③ 友達（ともだち）の話を伝（つた）える。
④ なみだがほおを伝（つた）う。

送りがなの練習

伝える（つた-える）
伝える

伝う（つた-う）
伝う

徒

おん　ト
くん　—

練習

徒（上の横ぼうより長く）

部首　彳（ぎょうにんべん）　画数　10画

成り立ち
彳（道を行く）＋土＝徒（土をふんで歩く）

使い方を覚えよう
①徒歩で駅に行く。
②中学校の生徒。
③徒競走で入しょうする。
④徒労に終わる。

努

おん　ド
くん　つと-める

練習

努（ややつき出す／はねる）

部首　力（ちから）　画数　7画

成り立ち
「力」と、力をこめる意味と音を表す「奴」を合わせた字。「つとめはげむ」意味を表す。

使い方を覚えよう
①長年の努力が実る。
②かれは努力家だ。
③勉学に努める。
④努めて冷静に話し合う。

送りがなの練習
（つと-める）
努める

タ

灯

おん　トウ
くん　（ひ）

練習

灯　とめる　はねる

部首　火（ひへん）
画数　6画

注意点
書くときは、「火」を「火」、「丁」を「亅」としないように注意する。

使い方を覚えよう
①みさきの灯台。
②部屋の電灯をつける。
③ライトが点灯する。
④外灯がつく。

働

おん　ドウ
くん　はたら-く

練習

働　ややて右上に　はねる

部首　亻（にんべん）
画数　13画

成り立ち
亻（人）＋動（うごく）＝働（はたらく）

使い方を覚えよう
①労働にはげむ。
②労働時間が長い。
③けん命に働く。
④父は働き者だ。

送りがなの練習
（はたら-く）
働く

特

おん　トク
くん　―

部首　牛（うしへん）　画数　10画

注意点
「持」と形がにているので注意する。

練習
とめる　はねる

使い方を覚えよう
① 特(とく)に問題はない。
② 特別(とくべつ)にゆるしをえる。
③ 特色(とくしょく)のある建物(たてもの)。
④ 特急電車(とっきゅうでんしゃ)に乗る。

徳

おん　トク
くん　―

部首　彳（ぎょうにんべん）　画数　14画

注意点
書くときは、「彳」を「亻」、「恵」を「恵」としないように注意する。

練習
亻としない　はねる

使い方を覚えよう
① 人徳(じんとく)のある人。
② 道徳心(どうとくしん)を育てる。
③ 美徳(びとく)について考える。
④ 徳島県産(とくしまけんさん)のすだち。

タ

栃

おん ―
くん とち

栃（はねる）

一 十 才 木 木 村 朽 枋 枥 栃

部首 木（きへん）
画数 9画

意味
「木」と「万」（十千、つまり千の十倍）とで、「とちのき」の意味を表す。

使い方を覚えよう
① 栃の木を切る。
② 栃の実が落ちる。
③ 栃木県に行く。
④ 栃木県産のいちご。

奈

おん ナ
くん ―

奈（上の横ぼうより長く）

一 ナ 大 太 夳 李 夵 奈

部首 大（だいかんむり・だいがしら）
画数 8画

成り立ち
もとの字は「柰」。「木」と、音を表す「示」を合わせた字。木の名「からなし」を表す。

使い方を覚えよう
① 奈良の大ぶつ様。
② 神奈川県出身。
③ 奈良の平城京。
④ 奈落に落ちる。

梨

おん ―
くん なし

練習

はらう　はらう

部首 木（き）　画数 11画

注意点
書くときは、「利」を「刑」としないように注意する。

使い方を覚えよう
① 梨がりをする。
② 洋梨のパイ。
③ 山梨県に住む。
④ 梨を買う。

熱

おん ネツ
くん あつ-い

練習

点の向きに注意

部首 灬（れっか・れんが）　画数 15画

意味 
火のあたたかさを意味する。

使い方を覚えよう
① 熱心に話を聞く。
② 読書に熱中する。
③ 電子レンジで加熱する。
④ 熱いお茶。

送りがなの練習

熱い（あつ-い）

念

おん　ネン
くん　――

練習

はねる

部首　心（こころ）　画数　8画

成り立ち
「心」と、内にこめる意味と音を表す「今」を合わせた字。心にしっかりととめて「おもう」意味を表す。

使い方を覚えよう
①念をおす。
②記念品をもらう。
③残念に思う。
④信念をつらぬく。

敗

おん　ハイ
くん　やぶ-れる

練習

出す
とめる

部首　攵（ぼくにょう・のぶん）　画数　11画

成り立ち
「攵」（打つ）と、われる意味と音を表す「貝」とを合わせて、「打ちわる」意味を表すことから、「やぶれる」意味を表す。

使い方を覚えよう
①戦いに敗北する。
②勝敗が決まる。
③実験に失敗する。
④試合に敗れる。

送りがなの練習

敗れる（やぶ-れる）

梅

おん　バイ
くん　うめ

練習

梅
𠂉としない
母としない

部首　木（きへん）
画数　10画

注意点
書くときは、「𠂉」を「𠂊」「𠂆」としないように注意する。

使い方を覚えよう
①松竹梅（しょうちくばい）のかざり。
②梅（うめ）の花がさく。
③梅（うめ）ぼしを食べる。
④梅酒（うめしゅ）を作る。

博

おん　ハク・（バク）
くん　―

練習

博
点をわすれない
はねる

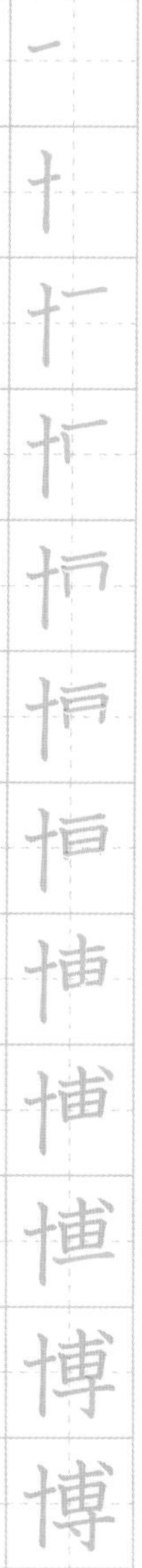

部首　十（じゅう）
画数　12画

成り立ち
十（集める）＋尃（平らにのべる）＝博（広くゆきわたる）

使い方を覚えよう
①博物館（はくぶつかん）に行く。
②文学博士（ぶんがくはくし）になる。
③博愛（はくあい）の心を持つ。
④博学（はくがく）な人。

ナ
ハ

阪

おん（ハン）
くん ―

練習

阪（つける）

部首 阝（こざとへん）　画数 7画

成り立ち
おかを表す「阝」と、かたむく意味と音を表す「反」を合わせた字。おかのかたむいている所、「さか」の意味を表す。

使い方を覚えよう
① 大阪を観光する。
② 天下の台所・大阪。
③ 大阪のかんじょう線。
④ 大阪べんを話す。

飯

おん ハン
くん めし

練習

飯（く・くとしない）

部首 飠（しょくへん）　画数 12画

成り立ち
「食」と、広がる意味と音を表す「反」を合わせた字。平らに広がる食べ物、「めし」の意味を表す。

使い方を覚えよう
① ご飯を用意する。
② 赤飯をたく。
③ 昼飯を食べる。
④ にぎり飯を作る。

飛

おん　ヒ
くん　と-ぶ　と-ばす

部首　飛（とぶ）
画数　9画

成り立ち
鳥がつばさを開いてとぶ様子
飛

練習
上にはねる
飛

送りがなの練習
（と-ぶ）飛ぶ
（と-ばす）飛ばす

使い方を覚えよう
①飛行機（ひこうき）に乗る。
②わたり鳥が飛来（ひらい）する。
③鳥が飛（と）ぶ。
④竹とんぼを飛（と）ばす。

必

おん　ヒツ
くん　かなら-ず

部首　心（こころ）
画数　5画

成り立ち
くいにあて木（ぎ）をそえてしめつけた様子からできた字。

練習
とめる　とめる　はねる
必

送りがなの練習
（かなら-ず）必ず

使い方を覚えよう
①必要（ひつよう）なものをそろえる。
②必死（ひっし）で勉強する。
③約束（やくそく）は必（かなら）ず守る。
④必（かなら）ずしも正しくはない。

ハ

票

おん　ヒョウ

くん　―

練習

西としない　はねる

部首　示（しめす）

画数　11画

注意点

使い方に注意する。

・票…ふだ。「投票（とうひょう）」

・標…しるし。「目標（もくひょう）」

使い方を覚えよう

①票（ひょう）をえる。

②投票（とうひょう）で決める。

③選挙（せんきょ）の開票（かいひょう）が行われる。

④伝票（でんぴょう）をもらう。

標

おん　ヒョウ

くん　―

練習

西としない　はねる

部首　木（きへん）

画数　15画

注意点

「票」と形がにているので注意する。

使い方を覚えよう

①クラスの標語（ひょうご）を考える。

②目標（もくひょう）を立てる。

③こん虫の標本（ひょうほん）。

④標高（ひょうこう）が高い山。

不

おん　フ・ブ
くん　―

部首　一（いち）
画数　4画

成り立ち
花の付け根がふくらんだ様子

練習
イとしない
とめる

使い方を覚えよう
①不安な気持ちになる。
②不利な立場になる。
③不思議な出来事。
④不気味な絵。

夫

おん　フ・（フウ）
くん　おっと

部首　大（だい）
画数　4画

意味
一人前の男せいの意味を表す。

練習
上の横ぼうより長く

使い方を覚えよう
①キュリー夫人の伝記。
②田中夫さいと会う。
③夫とつま。
④よく働く夫。

付

おん　フ
くん　つ-ける　つ-く

部首　亻（にんべん）
画数　5画

成り立ち
人に手を差し出す様子からできた字。

練習

付（はねる）

ノ　亻　仁　付　付

送りがなの練習

（つ-ける）付ける　付ける

（つ-く）付く　付く

使い方を覚えよう

①家の付近。
②本の付録。
③ボタンを付ける。
④まちがいに気付く。

府

おん　フ
くん　――

部首　广（まだれ）
画数　8画

成り立ち
建物を表す「广」と、とじこめる意味と音を表す「付」を合わせた字。物をしまっておく「くら」の意味を表す。

練習

府（軽くはらう）（はねる）

丶　亠　广　广　庁　庁　府　府

使い方を覚えよう

①都道府県の人口。
②京都府の出身だ。
③府立の学校に通う。
④日本のせい府。

阜

おん　フ
くん　―

練習

阜

向きと、せっする位置に注意

部首　阜（おか）

画数　8画

成り立ち

台地の側面につけた階だんの形

→阜

使い方を覚えよう

① 岐阜県をめぐる。
② 岐阜の名産品。
③ 自然が残る岐阜県。
④ 岐阜の白川ごう。

富

おん　フ・（フウ）
くん　と-む　とみ

練習

富

わすれずに
大きめに

部首　宀（うかんむり）

画数　12画

成り立ち

「宀」（家）に、満ちる意味と音を表す「畐」を合わせた字。家のざい産がふえて「とむ」意味を表す。

使い方を覚えよう

① 栄養がほう富だ。
② ひん富の差がある。
③ 変化に富む。
④ 富山県に帰る。

ハ

副

おん　フク
くん　―

練習

はねる

部首　刂（りっとう）　画数　11画

注意点
「福」と形がにているので注意する。

使い方を覚えよう
①副会長（ふくかいちょう）をつとめる。
②副作用（ふくさよう）がある薬。
③副菜（ふくさい）を食べる。
④副業（ふくぎょう）を始める。

兵

おん　ヘイ・ヒョウ
くん　―

練習

「としない」
とめる

部首　八（はち）　画数　7画

成（な）り立ち

両手でおのを持って打つ様子からできた字。

使い方を覚えよう
①兵（へい）を挙（あ）げる。
②兵隊（へいたい）が戦地（せんち）に行く。
③兵力（へいりょく）をふやす。
④兵庫県（ひょうごけん）を観光（かんこう）する。

別

おん　ベツ

くん　わか-れる

部首　刂（りっとう）　画数　7画

注意点

使い方に注意する。
・別（わか）れる…人と人
・分（わ）かれる…一つのもの

使い方を覚えよう

①別（べつ）のことを考える。
②区別（くべつ）をつける。
③駅で別（わか）れる。
④別（わか）れのあいさつをする。

練習

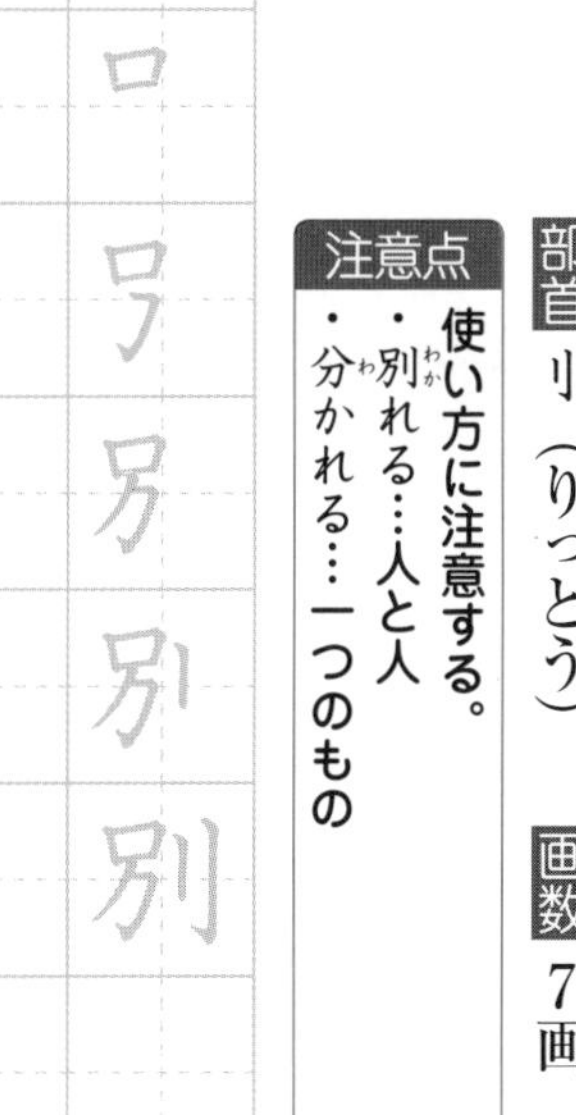

送りがなの練習

（わか-れる）
別れる
別れる

辺

おん　ヘン

くん　あた-り　べ

部首　⻌（しんにょう・しんにゅう）　画数　5画

注意点

書くときは、「刀」を「力」としないように注意する。

使い方を覚えよう

①周辺（しゅうへん）の国々。
②駅の近辺（きんぺん）を歩く。
③辺（あた）りが静（しず）まる。
④海辺（うみべ）で遊ぶ。

練習

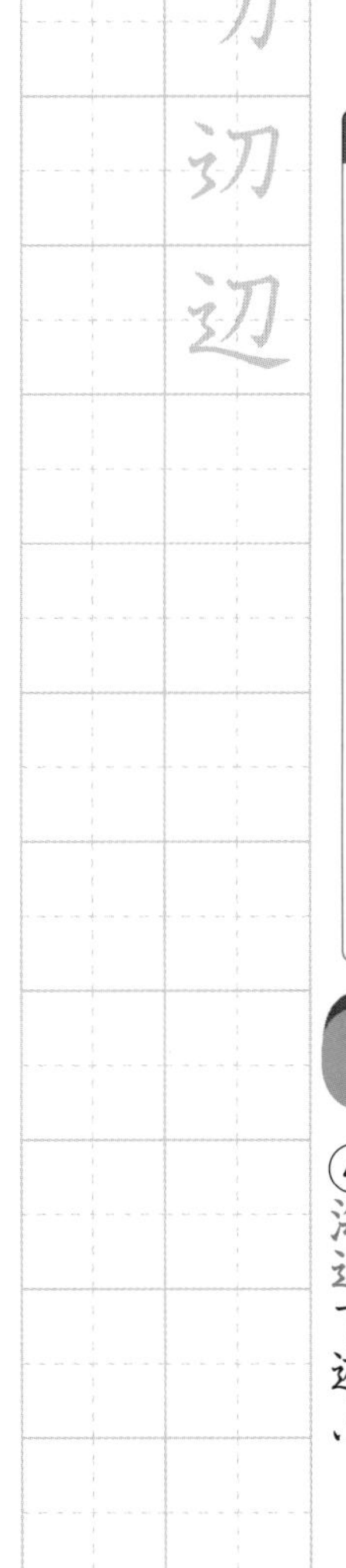

送りがなの練習

（あた-り）
辺り
辺り

ハ

変

おん　ヘン
くん　か-わる　か-える

部首　夂（すいにょう）
画数　9画

注意点
送りがなに注意する。
×変る　変る
○変わる　変える

練習
変（はねる／小さくはらう）

送りがなの練習
変わる（か-わる）
変える（か-える）

使い方を覚えよう
①気温が変化する。
②大変なさわぎとなる。
③色が変わる。
④すがたを変える。

便

おん　ベン・ビン
くん　たよ-り

部首　亻（にんべん）
画数　9画

成り立ち
「人」と、あらため変える意味の「更」を合わせた字。人が使いならして都合が良い意味が転じて、「たより」「すなわち」の意味。

練習
便（出す）

送りがなの練習
便り（たよ-り）

使い方を覚えよう
①便利な機械。
②不便な生活。
③こう空便で送る。
④便りがとどく。

包

おん　ホウ
くん　つつ-む

練習

ノ　勹　勹　匀　包

送りがなの練習

（つつ-む）
包む　包む

部首　勹（つつみがまえ）　画数　5画

成り立ち

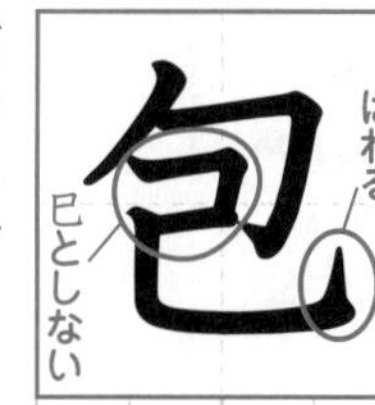

人がおなかの中にたい児をかかえる様子からできた字。

使い方を覚えよう

① 包丁（ほうちょう）をとぐ。
② 包帯（ほうたい）をまく。
③ おかしを紙で包（つつ）む。
④ 小包（こづつみ）がとどく。

法

おん　ホウ・（ハッ）・（ホッ）
くん　——

練習

上の横ぼうより長く

法

丶　氵　氵　汁　汁　注　法　法

部首　氵（さんずい）　画数　8画

成り立ち

もとの字は「灋」。水（氵）でかこんで「廌」（けもの）を出られなくする（去）意味から、行きすぎをおさえるおきての意味に用いる。

使い方を覚えよう

① 法（ほう）にしたがう。
② ちがう方法（ほうほう）を考える。
③ 正しい作法（さほう）を習う。
④ 自然（しぜん）の法（ほう）そく。

望

おん　ボウ・（モウ）
くん　のぞ-む

練習

望（ややななめに書く）

送りがなの練習
（のぞ-む）
望む

部首　月（つき）
画数　11画

注意点
書くときは、「月」を「夕」、「王」を「主」としないように注意する。

使い方を覚えよう
①希望を持つ。
②望遠鏡をのぞく。
③望みをかなえる。
④まどから海を望む。

牧

おん　ボク
くん　（まき）

練習

牧（とめる）

部首　牛（うしへん）
画数　8画

意味
追い立ててかう意味から、牛馬などを放しがいにする意味を表す。

使い方を覚えよう
①大きな牧場。
②馬が牧草を食べる。
③牛を放牧する。
④遊牧民のくらし。

末

おん　マツ・（バツ）

くん　すえ

練習

上の横ぼうを長く

とめる

一　二　キ　末　末

部首　木（き）

画数　5画

成り立ち

木の上に一線（一点）を書いて、木の先たん、こずえの意味を表す。

使い方を覚えよう

①年末（ねんまつ）の大そうじ。

②後始末（あとしまつ）をする。

③話し合いの末（すえ）に決まる。

④わたしは末（すえ）っ子（こ）だ。

満

おん　マン

くん　み-ちる　み-たす

練習

廿としない

はねる

丶　氵　氵　氵一　氵十　氵廿　氵廿　氵廿　満　満　満　満

部首　氵（さんずい）

画数　12画

注意点

書くときは、「廿」の部分の、横ぼうの数に注意する。「㒼」の部分の画数は九画。

使い方を覚えよう

①満開（まんかい）のさくらの花。

②良（よ）い結果（けっか）に満足（まんぞく）する。

③月が満（み）ちる。

④コップを水で満（み）たす。

送りがなの練習

（み-ちる）満ちる　満ちる

（み-たす）満たす　満たす

ハ　マ

末

おん　ミ
くん　—

かならず下を長く

練習

一 二 キ 未 末

部首　木（き）

画数　5画

成り立ち

木の先に小えだが出た形から、木がしげる意味を表す。

使い方を覚えよう

①日本の未来を考える。
②未知の世界。
③会場は未定だ。
④未完成の作品。

民

おん　ミン
くん　（たみ）

はねる
はねる

練習

フ コ 尸 F 民

部首　氏（うじ）

画数　5画

注意点

「氏」と形がにているので注意する。

使い方を覚えよう

①民話を読む。
②国民の代表を決める。
③住民が力を合わせる。
④公民館に集まる。

無

おん　ム・ブ
くん　な-い

練習

無

点の向きに注意

送りがなの練習

無い（な-い）

部首　灬（れっか・れんが）　画数　12画

成り立ち

人がたもとにかざりをつけ、まいをしている形 → 無

使い方を覚えよう

①一人で行くのは無理（むり）だ。
②無言（むごん）で立ち去る。
③旅の無事（ぶじ）をいのる。
④心無（こころな）いひと言。

約

おん　ヤク
くん　―

練習

約

はねる　とめる

部首　糸（いとへん）　画数　9画

成り立ち

「糸」と、しめつける意味と音（おん）を表す「勺」を合わせた字。糸でしばることから、「まとめる」意味に用いる。

使い方を覚えよう

①約束（やくそく）を守る。
②チケットを予約（よやく）する。
③お金を節約（せつやく）する。
④約（やく）二メートル。

マ
ヤ・ラ・ワ

勇

おん　ユウ

くん　いさ-む

部首　力（ちから）

画数　9画

成り立ち

「力」と、わき出る意味と音を表す「甬」を合わせた字。力がわき出る意味から、「いさむ」「いさましい」の意味に用いる。

練習

勇（々としない／はねる）

フ　マ　丙　丙　丙　甬　甬　勇　勇

送りがなの練習

（いさ-む）

勇む　勇む

使い方を覚えよう

①勇気をふりしぼる。

②勇かんに戦う。

③勇んで失敗する。

④勇ましいすがた。

おん　ヨウ

くん　かなめ　（い-る）

部首　襾（かなめがしら・おおいかんむり）

画数　9画

成り立ち

人が、両手をこしにあてている様子からできた字。

練習

要（西としない／少し出す）

一　丆　丙　襾　襾　襾　要　要　要

使い方を覚えよう

①要望を伝える。

②必要な道具をそろえる。

③重要な会議。

④話の要点をつかむ。

養

おん　ヨウ
くん　やしな-う

部首　食（しょく）　画数　15画

成り立ち
「食」と、すすめる意味と音を表す「羊」を合わせた字。食物をすすめる意味から、「やしなう」意味を表す。

使い方を覚えよう
①養分（ようぶん）をたくわえる。
②栄養（えいよう）のある食べ物。
③休養（きゅうよう）をとる。
④家族を養（やしな）う。

練習

美としない

養

送りがなの練習

（やしな-う）
養う

浴

おん　ヨク
くん　あ-びる
あ-びせる

部首　氵（さんずい）　画数　10画

成り立ち
「氵」（水）と、入る意味と音を表す「谷」を合わせた字。水に入り体をあらう、「あびる」意味を表す。

使い方を覚えよう
①浴室（よくしつ）に入る。
②海水浴（かいすいよく）に行く。
③頭から水を浴（あ）びる。
④ひどい言葉を浴（あ）びせる。

練習

ソとしない

浴

送りがなの練習

（あ-びる）
浴びる

（あ-びせる）
浴びせる

利

おん　リ
くん　（き-く）

練習

利

はねる
とめる

ノ　ニ　千　禾　禾　利　利

部首　刂（りっとう）
画数　7画

注意点
「列」「別」と形がにているので注意する。

使い方を覚えよう
①図書館を利用する。
②試合に勝利する。
③便利な生活。
④有利な立場になる。

陸

おん　リク
くん　―

練習

陸

角をつけずに曲げてとめる

⺍　了　阝　阝一　阝十　阝土　阝圥　阝夫　阝夫　阝坴　陸

部首　阝（こざとへん）
画数　11画

成り立ち
阝（おか）＋坴（連なる）＝陸（連なる高地）

使い方を覚えよう
①陸に上がる。
②陸地が見える。
③アメリカ大陸の発見。
④飛行機が着陸する。

良

おん　リョウ
くん　よ-い

くとしない
はねる

練習

送りがなの練習
良い（よ-い）

部首　良（こん・こんづくり・ねづくり）　画数　7画

成り立ち
こく物をふるいに通す様子からできた字。良い（よい）ものを選ぶ（えらぶ）意味を表す。

使い方を覚えよう
①良好（りょうこう）な関係（かんけい）をきずく。
②良心（りょうしん）がいたむ。
③機械（きかい）を改良（かいりょう）する。
④仲（なか）が良（よ）い。

料

おん　リョウ
くん　――

点の向きに注意

練習

部首　斗（と・とます）　画数　10画

成り立ち
「斗」（ます）と「米」とで、ますで米をはかる意味を表すことから、「はかる」意味に用いる。

使い方を覚えよう
①料理（りょうり）を作る。
②料金（りょうきん）をはらう。
③材料（ざいりょう）をそろえる。
④食料（しょくりょう）を買う。

量

おん　リョウ
くん　はか-る

部首　里（さと）　画数　12画

成り立ち
「日」（品物）と「重」（おもさ）とで、物のおもさを「はかる」意味を表す。

練習
量（やや長く）
丨 口 日 旦 早 昌 昌 昌 昌 量 量 量

送りがなの練習
（はか-る）
量る
量る

使い方を覚えよう
① 大量のごみが出る。
② 全国の雨量を調べる。
③ 重さを量る。
④ 気持ちをおし量る。

輪

おん　リン
くん　わ

部首　車（くるまへん）　画数　15画

意味
ふく（昔の車の矢）がきちんと放しゃじょうにならんだ車の「わ」の意味を表す。

練習
輪（はねる）
一 ㄏ ㄃ 百 百 亘 車 軒 軒 軨 軨 軩 輪 輪 輪

使い方を覚えよう
① 輪唱をする。
② 自転車の車輪。
③ 大きな輪を作る。
④ 犬の首輪。

類

おん　ルイ
くん　たぐ-い

練習

とめる
とめる
とめる

送りがなの練習

類い（たぐ-い）

部首　頁（おおがい）　画数　18画

注意点
同じ「頁（おおがい）」が部首の漢字、「頭」「顔」「願（がん）」「順（じゅん）」と形がにているので注意する。

使い方を覚えよう
①書類（しょるい）を作成（さくせい）する。
②ごみを分類（ぶんるい）する。
③親類（しんるい）が集まる。
④類（たぐ）いまれな力。

令

おん　レイ
くん　——

練習

点の打ちかたに注意。マとしない

部首　𠆢（ひとがしら）　画数　5画

注意点
「今」「分」と形がにているので注意する。

使い方を覚えよう
①部下に命令（めいれい）する。
②号令（ごうれい）をかける。
③指令（しれい）を出す。
④法令（ほうれい）にしたがう。

冷

おん　レイ

くん　つめ-たい・ひ-える・ひ-や・ひ-やす・ひ-やかす・さ-める・さ-ます

部首　冫（にすい）

画数　7画

意味

すみきった氷の意味を表した字で、「つめたい」「ひえる」意味を表す。

使い方を覚えよう

①冷静に行動する。
②冷たい空気。
③体が冷える。
④スープを冷ます。

練習

点の打ちかたに注意。マとしない

冷

送りがなの練習

冷たい（つめ-たい）

冷える（ひ-える）

例

おん　レイ

くん　たと-える

部首　亻（にんべん）

画数　8画

注意点

「列」と形がにているので注意する。

使い方を覚えよう

①例を挙げる。
②例外をみとめる。
③物を人に例える。
④例えばの話。

練習

例　はねる

送りがなの練習

例える（たと-える）

連

おん　レン
くん　つら-なる・つら-ねる
つ-れる

練習

連
上の横ぼうより長く

一 ｒ 戸 亘 亘 亘 車 連 連 連

送りがなの練習

（つら-なる）
連なる
連なる

（つ-れる）
連れる
連れる

部首　辶（しんにょう・しんにゅう）　画数　10画

成り立ち
「車」と「辶」（道）とで、車が続いて道を通る意味から、「つらなる」意味を表す。

使い方を覚えよう
① 連続ドラマを見る。
② 試合に連勝する。
③ 列が連なる。
④ 弟を連れていく。

老

おん　ロウ
くん　お-いる
（ふ-ける）

練習

老
長く
上にはねる

一 十 土 耂 耂 老

送りがなの練習

（お-いる）
老いる
老いる

部首　老（おいかんむり）　画数　6画

成り立ち
→老
かみを長くのばしてこしの曲がった人がつえをついている様子

使い方を覚えよう
① 老人をいたわる。
② 老後の生活を考える。
③ 年とともに老いる。
④ 年老いた人。

ヤ・ラ・ワ

労

おん　ロウ

くん　―

練習

⺍としない　はねる

部首　力（ちから）

画数　7画

成り立ち

かがり火を表す

力

↓

労

使い方を覚えよう

① 労働にはげむ。
② 手続きに苦労する。
③ 徒労に終わる。
④ 労力をかける。

録

おん　ロク

くん　―

練習

水としない

部首　金（かねへん）

画数　16画

注意点

書くときは、「ヨ」の部分の真ん中の横ぼうを右につき出さないように注意する。

使い方を覚えよう

① 鳥の声を録音する。
② テレビ番組を録画する。
③ 新記録が出る。
④ 付録がつく。

都道府県一覧（とどうふけんいちらん）

＊都道府県名だけで使われる特別（とくべつ）な読みの漢字をふくむ。

① 北海道（ほっかいどう）
② 青森県（あおもりけん）
③ 秋田県（あきたけん）
④ 岩手県（いわてけん）
⑤ 山形県（やまがたけん）
⑥ ＊宮城県（みやぎけん）
⑦ 福島県（ふくしまけん）
⑧ ＊茨城県（いばらきけん）
⑨ 千葉県（ちばけん）
⑩ 栃木県（とちぎけん）
⑪ 群馬県（ぐんまけん）
⑫ 埼玉県（さいたまけん）
⑬ 東京都（とうきょうと）
⑭ ＊神奈川県（かながわけん）
⑮ 新潟県（にいがたけん）
⑯ ＊富山県（とやまけん）
⑰ 石川県（いしかわけん）
⑱ 福井県（ふくいけん）
⑲ ＊岐阜県（ぎふけん）
⑳ 長野県（ながのけん）
㉑ 山梨県（やまなしけん）
㉒ 静岡県（しずおかけん）
㉓ 愛知県（あいちけん）
㉔ ＊滋賀県（しがけん）
㉕ 三重県（みえけん）
㉖ ＊奈良県（ならけん）
㉗ 和歌山県（わかやまけん）
㉘ ＊大阪府（おおさかふ）
㉙ 京都府（きょうとふ）
㉚ 兵庫県（ひょうごけん）
㉛ ＊鳥取県（とっとりけん）
㉜ 岡山県（おかやまけん）
㉝ 島根県（しまねけん）
㉞ 広島県（ひろしまけん）
㉟ 山口県（やまぐちけん）
㊱ 香川県（かがわけん）
㊲ 徳島県（とくしまけん）
㊳ 高知県（こうちけん）
㊴ ＊愛媛県（えひめけん）
㊵ 福岡県（ふくおかけん）
㊶ 佐賀県（さがけん）
㊷ 長崎県（ながさきけん）
㊸ ＊大分県（おおいたけん）
㊹ 熊本県（くまもとけん）
㊺ 宮崎県（みやざきけん）
㊻ ＊鹿児島県（かごしまけん）
㊼ 沖縄県（おきなわけん）

1 学年そうふく習ドリル①

答え→118ページ

点

1 ――部の漢字の読みがなを書きましょう。（1問2点／10問）

①番組を録画する。（　）
②都道府県（　）
③相手に説明する。（　）
④材料を買う。（　）
⑤付録がついた本。（　）
⑥王様の家臣。（　）
⑦花の種子。（　）
⑧努力が実る。（　）
⑨自分の位置。（　）
⑩順番を守る。（　）

2 ――部の漢字の読みがなを書きましょう。（1問2点／10問）

①実験（じっけん）を試みる。（　）
②心を改める。（　）
③家の周り。（　）
④便りがとどく。（　）
⑤夫とつま。（　）
⑥ドラマの続き。（　）
⑦目が覚める。（　）
⑧むだを省く。（　）
⑨重さを量る。（　）
⑩入学を祝う。（　）

3 次の□の中に漢字を書きましょう。（1問5点／6問）

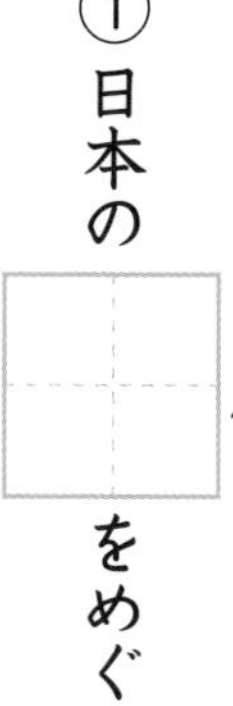

① 日本の□（しろ）をめぐる。

② 駅まで一人で行くのは□□（む り）だ。

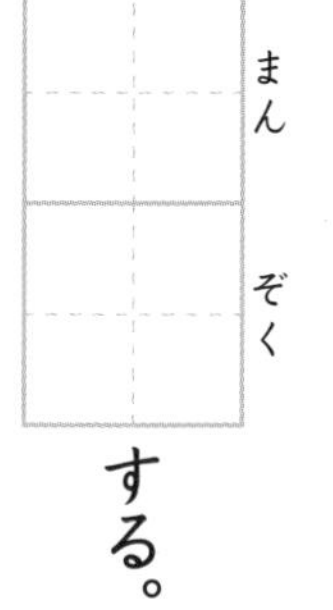

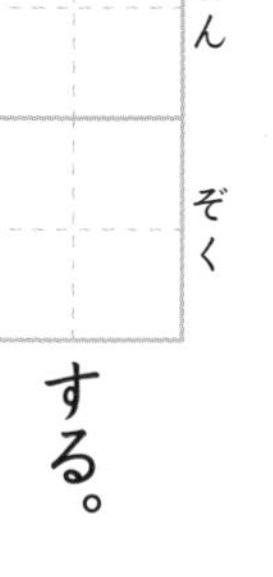

③ テストの点数に□□（まん ぞく）する。

④ 才のうに□（と）む。

⑤ 二人は□□□（たい しょう てき）なせいかくだ。

⑥ 子どもが遊具に□（むら）がって遊ぶ。

4 次の□の中に漢字を書きましょう。（1問5点／6問）

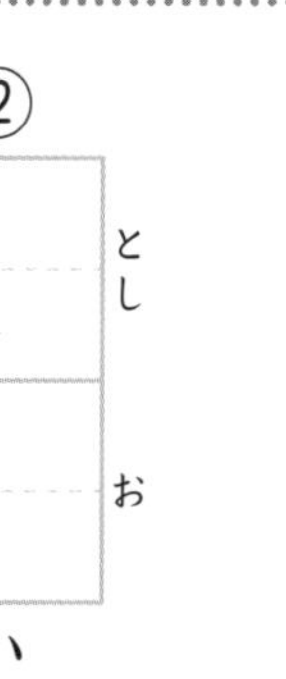

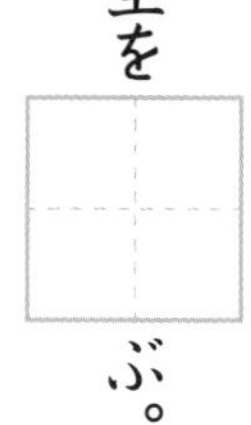

① 大きな鳥が大空を□（と）ぶ。

② □□（とし お）いた男の人が歩いている。

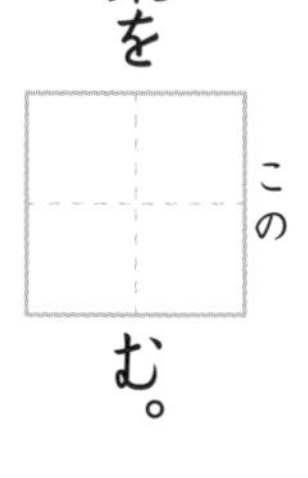

③ 静（しず）かな音楽を□（この）む。

④ 一生けん命勉強して、国語の力を□（やしな）う。

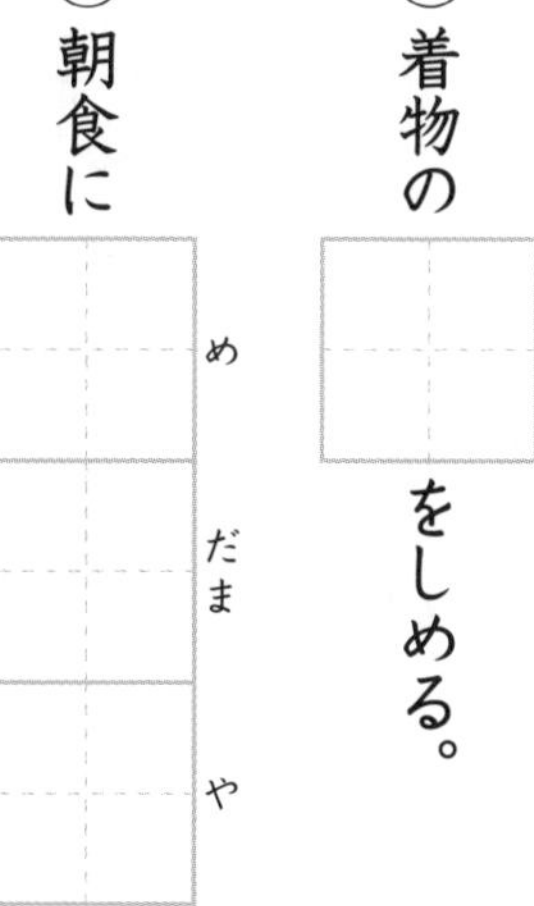

⑤ 着物の□（おび）をしめる。

⑥ 朝食に□□□（め だま や）きを作る。

2 学年そうふく習ドリル②

答え→118ページ

点

1 ——部の漢字の読みがなを書きましょう。（1問2点／10問）

① 街灯がともる。（　　）
② 訓練をする。（　　）
③ 希望を持つ。（　　）
④ 大佐の命令（めいれい）。（　　）
⑤ 栄養をとる。（　　）
⑥ 健康な体。（　　）
⑦ 愛媛のみかん。（　　）
⑧ 井戸水を飲む。（　　）
⑨ 陸地に上がる。（　　）
⑩ 卒業生を見送る。（　　）

2 ——部の漢字の読みがなを書きましょう。（1問2点／10問）

① 幸せを願う。（　　）
② かさを差す。（　　）
③ 名札をつける。（　　）
④ 雪が積もる。（　　）
⑤ 浅い海。（　　）
⑥ 孫をかわいがる。（　　）
⑦ 塩をふる。（　　）
⑧ 古い倉がならぶ。（　　）
⑨ 梅の花。（　　）
⑩ 列が連なる。（　　）

3 次の□の中に漢字を書きましょう。（1問5点／6問）

① ボランティア活動に（さんか）する。

② 交通安全のポスターを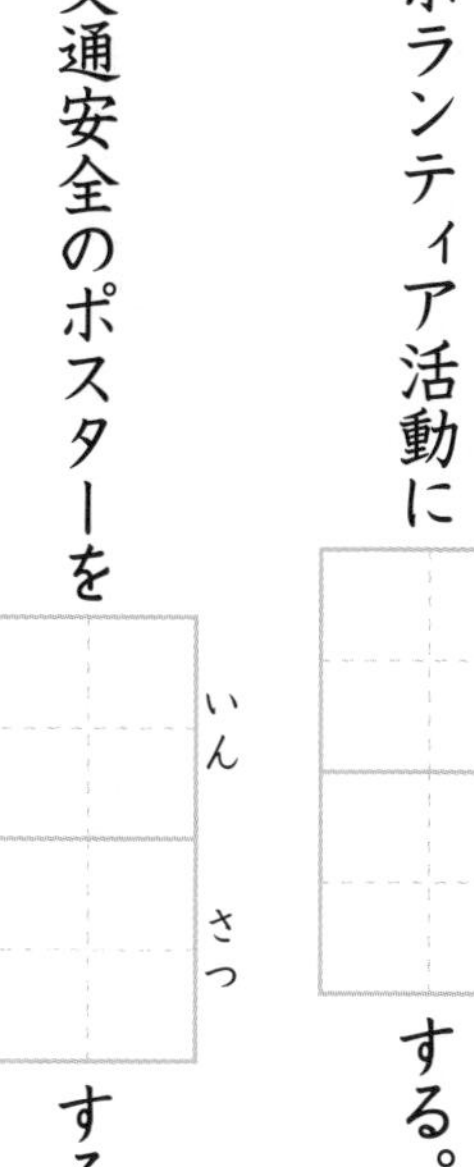（いんさつ）する。

③ たんすの中の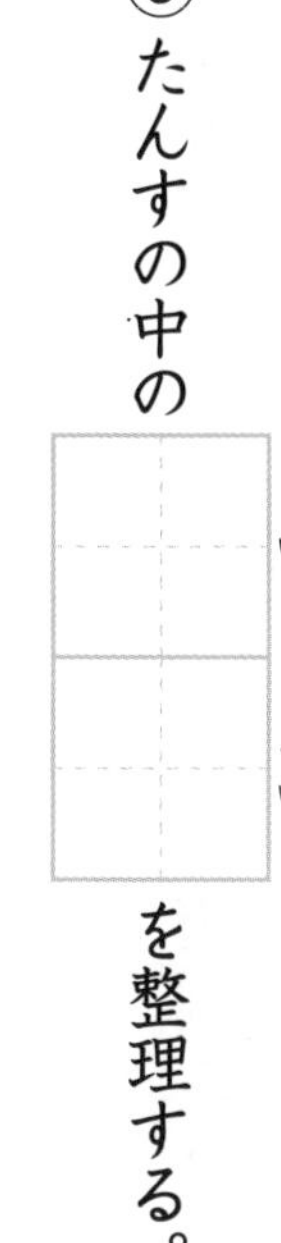（いるい）を整理する。

④ 国語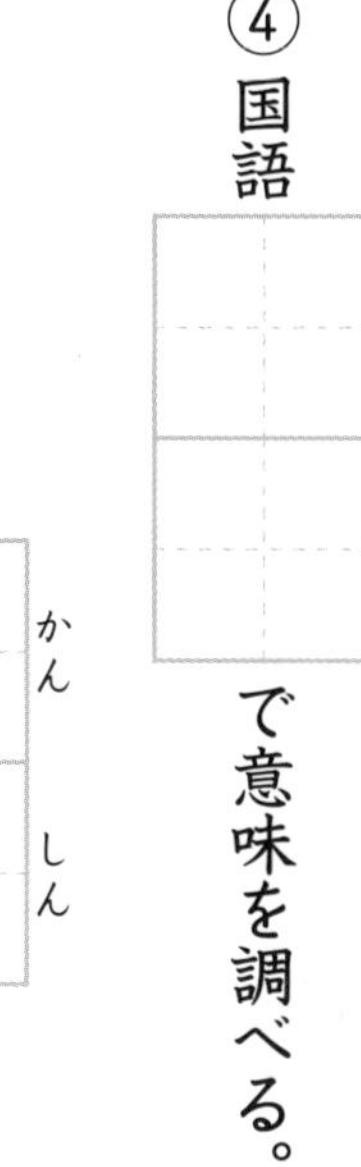（じてん）で意味を調べる。

⑤ 社会の出来事に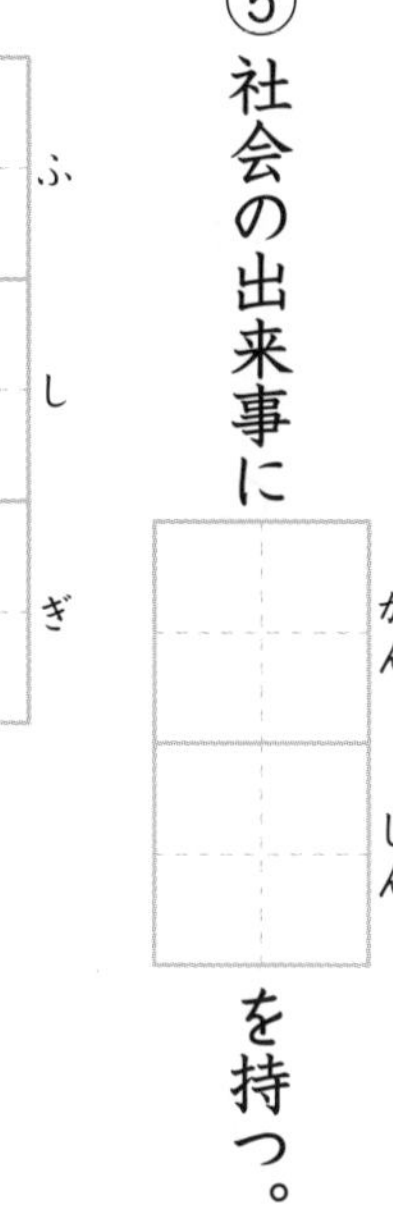（かんしん）を持つ。

⑥ （ふしぎ）な話を聞く。

4 次の□の中に漢字を書きましょう。（1問5点／6問）

① 学校の前で友達（ともだち）と（わか）れる。

② 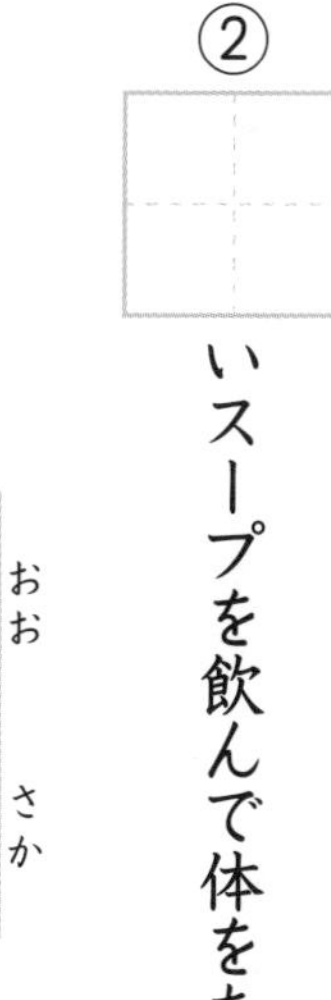（あつ）いスープを飲んで体をあたためる。

③ ひさしぶりに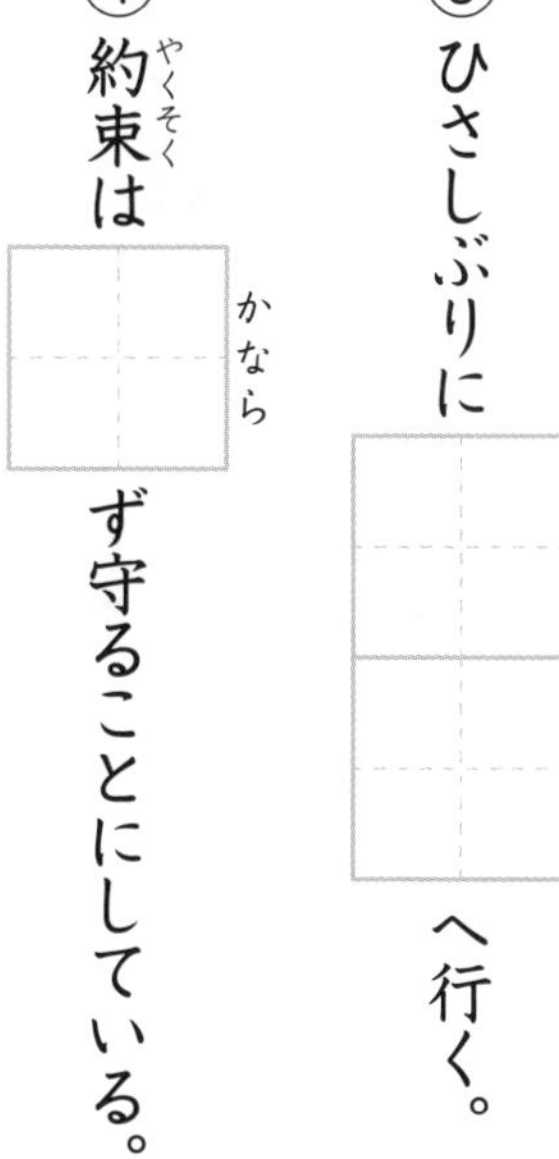（おおさか）へ行く。

④ 約束（やくそく）は（かなら）ず守ることにしている。

⑤ 部屋から明るい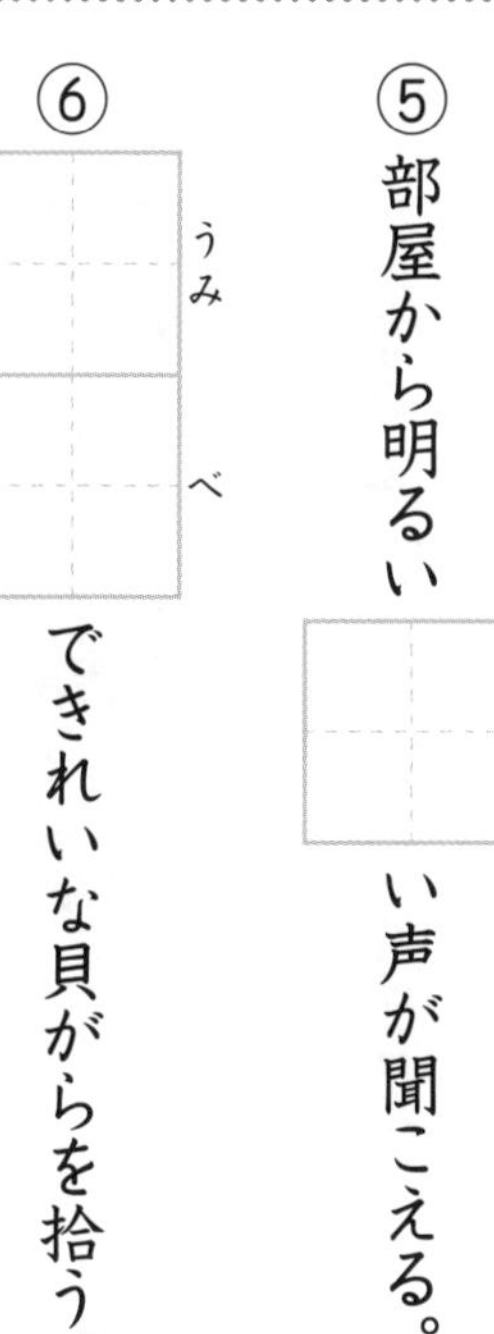（わら）い声が聞こえる。

⑥ （うみべ）できれいな貝がらを拾う。

3 学年そうふく習ドリル③

答え→118ページ

点

1 ——部の漢字の読みがなを書きましょう。（1問2点／10問）

①作法を習う。（　　）
②重要な会議（かいぎ）。（　　）
③結果を出す。（　　）
④新潟のお米。（　　）
⑤食器をしまう。（　　）
⑥選挙を行う。（　　）
⑦号令をかける。（　　）
⑧牛の放牧。（　　）
⑨試合（しあい）を観戦する。（　　）
⑩赤飯をたく。（　　）

2 ——部の漢字の読みがなを書きましょう。（1問2点／10問）

①車を借りる。（　　）
②色が変わる。（　　）
③竹の節。（　　）
④旗をふる。（　　）
⑤犬が群れる。（　　）
⑥ビルを建てる。（　　）
⑦あさがおの芽。（　　）
⑧茶わんが欠ける。（　　）
⑨大声で泣く。（　　）
⑩言い争う。（　　）

3 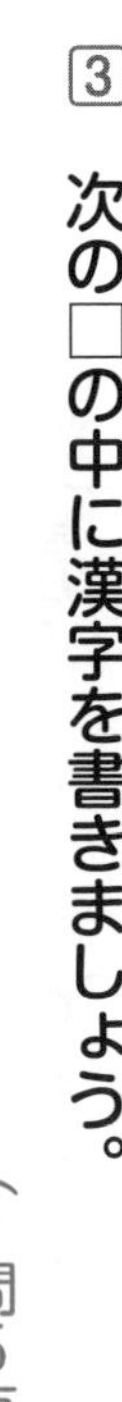
次の□の中に漢字を書きましょう。（1問5点／6問）

① 実験（じっけん）に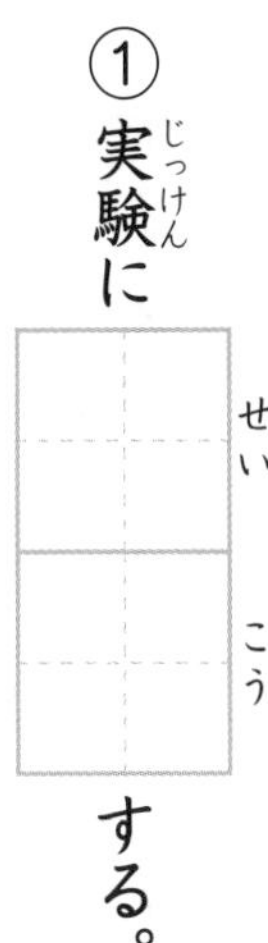□□（せいこう）する。

② □□（かもつ）列車が走る。

③ 地球の□□（みらい）について考える。

④ □□（ねんまつ）にみんなで大そうじをする。

⑤ 工場の□□（きかい）が一日中動いている。

⑥ 友達（ともだち）が来られないことを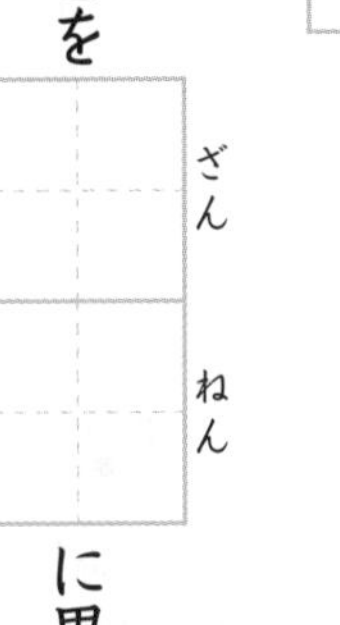□□（ざんねん）に思う。

4 次の□の中に漢字を書きましょう。（1問5点／6問）

① わたしの両親は□□（ともばたら）きだ。

② 寒さのせいで体が□（ひ）える。

③ 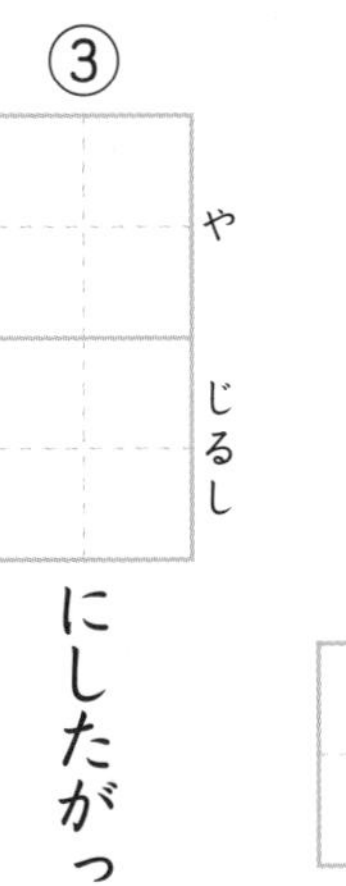□□（やじるし）にしたがって進む。

④ わたしたちの町が□（さか）える。

⑤ 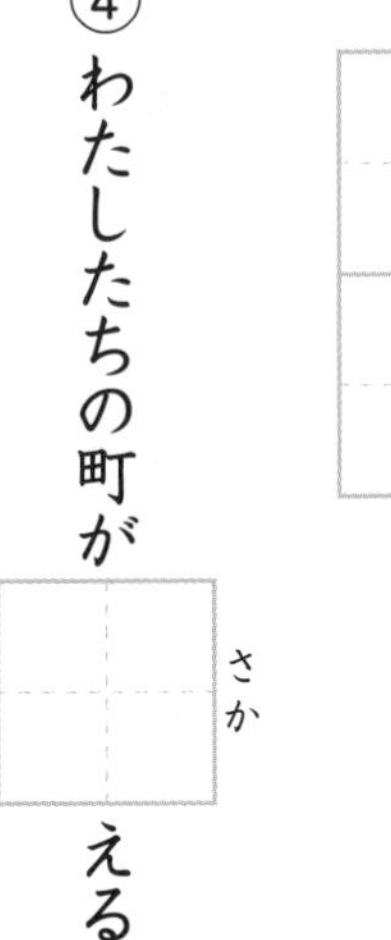□□□（ならけん）の寺を参（まい）る。

⑥ さくらの花びらが□（ち）る。

4 学年そうふく習ドリル④

答え→119ページ

点

1 ――部の漢字の読みがなを書きましょう。（1問2点／10問）

①茨の道を歩く。（　　）
②鹿の親子。（　　）
③岡山県を旅行する。（　　）
④各自用意する。（　　）
⑤鏡を見る。（　　）
⑥勇気がある。（　　）
⑦熊手を使う。（　　）
⑧欠点を直す。（　　）
⑨出身は埼玉県だ。（　　）
⑩沖まで泳ぐ。（　　）

2 ――部の漢字の読みがなを書きましょう。（1問2点／10問）

①栃の実を拾う。（　　）
②博物館へ行く。（　　）
③岐阜県の白川ごう。（　　）
④好物のおかず。（　　）
⑤便利な本。（　　）
⑥絵の才のうに富む。（　　）
⑦お金を包む。（　　）
⑧静かな夜。（　　）
⑨気持ちを察する。（　　）
⑩水で満たす。（　　）

3 次の□の中に漢字を書きましょう。（1問5点／6問）

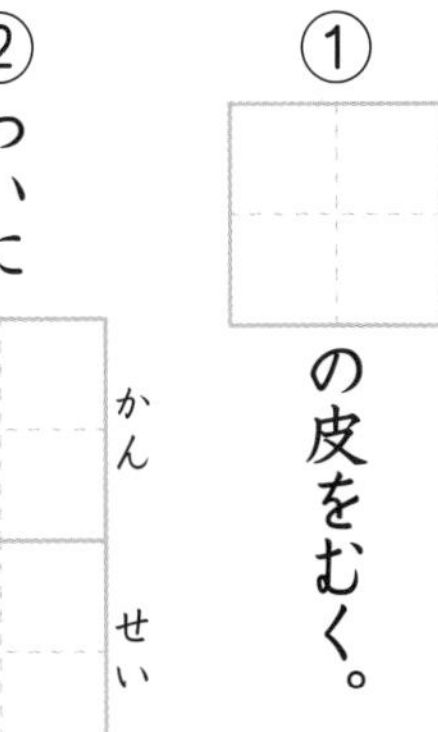

① □(なし)の皮をむく。

② ついに□□(かんせい)する。

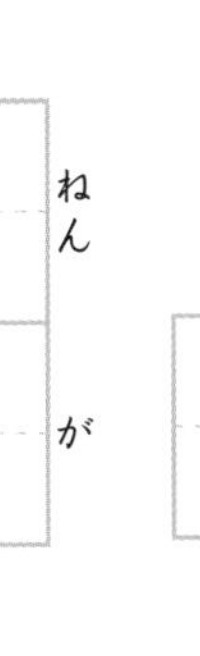

③ 校庭で□(なわ)とびをする。

④ □□(ねんが)じょうを送る。

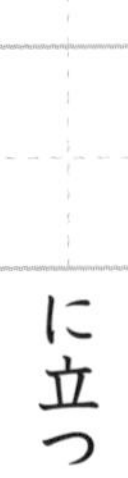

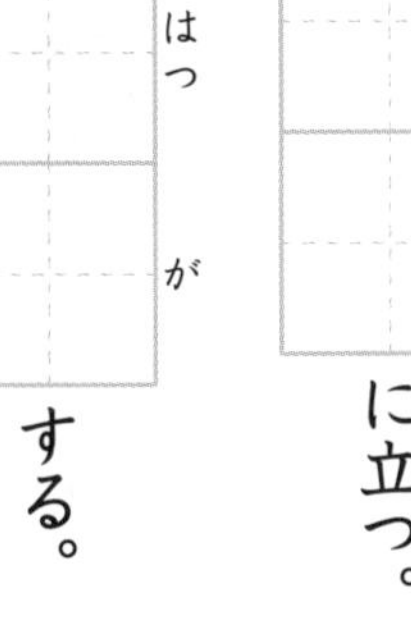

⑤ 鉄道の□□□(ぶんきてん)に立つ。

⑥ ひまわりの種(たね)が□□(はつが)する。

4 次の□の中に漢字を書きましょう。（1問5点／6問）

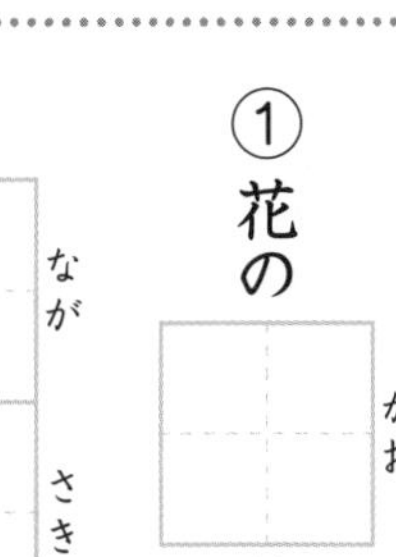

① 花の□(かお)りをかぐ。

② □□(ながさき)県の名物はカステラだ。

③ □(くらい)が高い人。

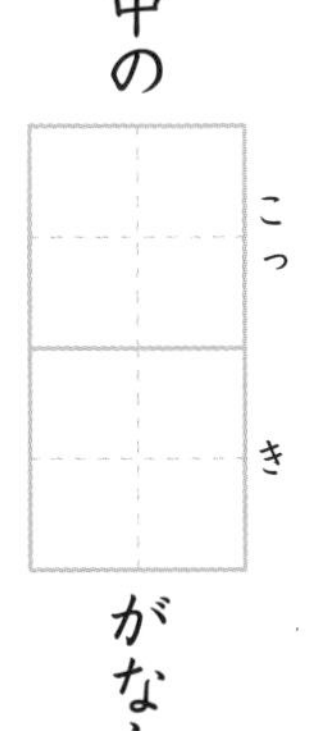

④ 世界中の□□(こっき)がならぶ。

⑤ 人生に□(かか)わる大きな出来事。

⑥ 日本海で□(りょう)をする。

5 学年そうふく習ドリル⑤

答え→119ページ

点

1 ――部の漢字の読みがなを書きましょう。（1問2点／10問）

①氏名を書く。（　　）
②点差が開く。（　　）
③昨夜の出来事。（　　）
④手を挙げる。（　　）
⑤服に虫が付く。（　　）
⑥美しい夜景。（　　）
⑦例えを使う。（　　）
⑧郡部に住む。（　　）
⑨大声で泣く。（　　）
⑩言葉で伝える。（　　）

2 ――部の漢字の読みがなを書きましょう。（1問2点／10問）

①残さずに食べる。（　　）
②ハムを試食する。（　　）
③気温が低い。（　　）
④毛を束ねる。（　　）
⑤最も高い山。（　　）
⑥木のえだを折る。（　　）
⑦管を通す。（　　）
⑧子犬が産まれる。（　　）
⑨決勝で敗れる。（　　）
⑩キュリー夫人。（　　）

3 次の□の中に漢字を書きましょう。（1問5点／6問）

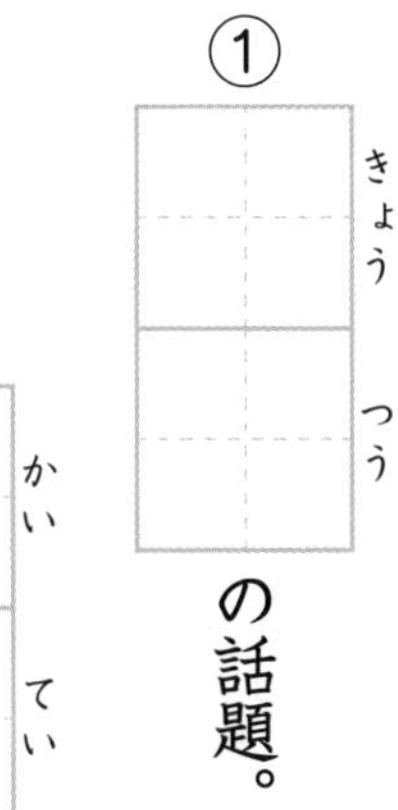

① □□（きょう　つう）の話題。

② ルールを□□（かい　てい）する。

③ □□（ふく　ぎょう）をする。

④ □□□（かい　すい　よく）に行く。

⑤ 空に□□□（ほっ　きょく　せい）がかがやく。

⑥ お金を□□（かん　り）する。

4 次の□の中に漢字を書きましょう。（1問5点／6問）

① □（たぐ）いまれな美しさ。

② □□（どう　とく）の時間。

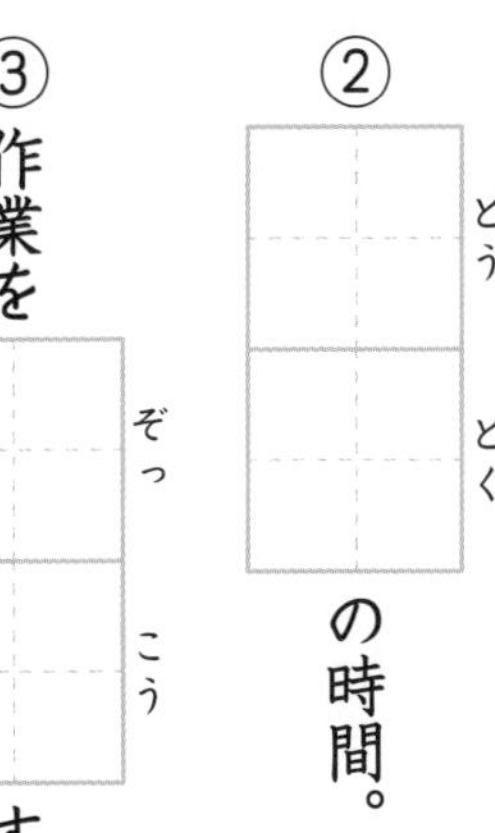

③ 作業を□□（ぞっ　こう）する。

④ □□（ちょっ　けい）をはかる。

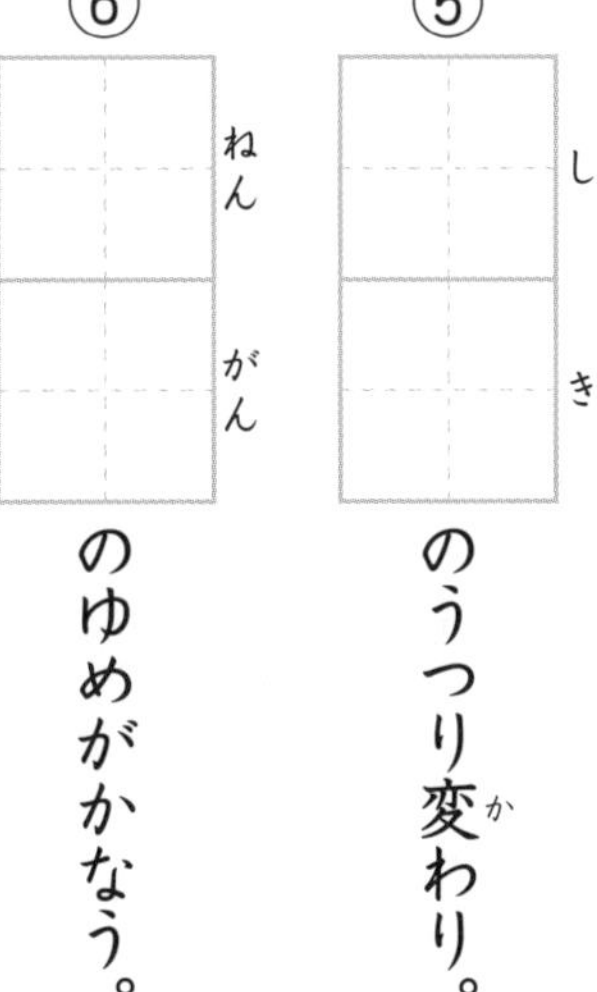

⑤ □□（し　き）のうつり変（か）わり。

⑥ □□（ねん　がん）のゆめがかなう。

学年そうふく習ドリルの答え

1 学年そうふく習ドリル①

108～109ページ

1 ①ろくが ②とどうふけん ③せつめい ④ざいりょう ⑤ふろく ⑥かしん ⑦しゅし ⑧どりょく ⑨いち ⑩じゅんばん

2 ①こころ ②あらた ③まわ ④たよ ⑤おっと ⑥つづ ⑦さ ⑧はぶ ⑨はか ⑩いわ

3 ①城 ②無理 ③満足 ④富 ⑤対照的 ⑥群

4 ①飛 ②年老 ③好 ④養 ⑤帯 ⑥目玉焼

おうちのかたへ

1 ⑥「臣」には、ほかに「ジン」という音読みがあり、熟語には「大臣」などがあります。

2 ⑨「量る」は、重さや量を調べるときに使います。時間や数を数えるときの「計る」とまちがえないようにしましょう。

4 ①「飛」は、筆順に特に注意する漢字です。しっかりかくにんして、正しい筆順で書けるようにしておきましょう。

2 学年そうふく習ドリル②

110～111ページ

1 ①がいとう ②くんれん ③きぼう ④たいさ ⑤えいよう ⑥けんこう ⑦えひめ ⑧いどみず ⑨りくち ⑩そつぎょうせい

2 ①ねが ②さ ③なふだ ④つ ⑤あさ ⑥まご ⑦しお ⑧くら ⑨うめ ⑩つら

3 ①参加 ②印刷 ③衣類 ④辞典 ⑤関心 ⑥不思議

4 ①別 ②熱 ③大阪 ④必 ⑤笑 ⑥海辺

おうちのかたへ

2 ②「差す」には、「指す」という同じ訓読みの言葉があります。「差す」は、かさを頭の上に広げるという意味のほかに、ほかの物の中に入りこむ、中に入れる、という意味もあります。「指す」は、指などで方向を明らかにする、という意味です。

3 ⑤「関心」には、「感心」という同じ読み方の熟語があるので注意しましょう。「関心」は、心をひかれ、注意を向けること、「感心」は、りっぱだと思い、心に深く感じること、という意味です。

3 学年そうふく習ドリル③

112～113ページ

1 ①さほう ②じゅうよう ③けっか ④にいがた ⑤しょっき ⑥せんきょ ⑦ごうれい ⑧ほうぼく ⑨かんせん ⑩せきはん

2 ①か ②か ③ふし ④はた ⑤む ⑥た ⑦め ⑧か ⑨な ⑩あらそ

3 ①成功 ②貨物 ③未来 ④年末 ⑤機械 ⑥残念

4 ①共働 ②冷 ③矢印 ④栄 ⑤奈良県 ⑥散

おうちのかたへ

3 ⑤「機械」と「器械」の使い分けに注意しましょう。「機械」は、動力を用いるふくざつな仕組みのことです。「器械」は、「機械」にくらべて大きさや働きが小さいものを表します。

4 ②「冷」には、訓読みがたくさんあるので、文中での意味や送りがなに注意して、読んだり書いたりしましょう。ほかにも、「つめ-たい」「ひ-やす」「さ-める」などの訓読みがあります。

4 学年そうふく習ドリル④

1 ①いばら ②しか ③おかやま
④かくじ ⑤かがみ ⑥ゆうき
⑦くまで ⑧けってん ⑨さいたま
⑩おき

2 ①とち ②はくぶつかん ③ぎふ
④こうぶつ ⑤べんり ⑥と
⑦つつ ⑧しず ⑨さっ ⑩み

3 ①梨 ②完成 ③縄
④年賀 ⑤分岐点 ⑥発芽

4 ①香 ②長崎 ③位
④国旗 ⑤関 ⑥漁

おうちのかたへ

1⑨「埼」とにた「崎」と書きまちがえないようにしましょう。

4⑥「漁」には「魚をとる」という意味があり、「漁業」などでは「ぎょ」という音読みを使います。

5 学年そうふく習ドリル⑤

1 ①しめい ②てんさ ③さくや
④あ ⑤つ ⑥やけい
⑦たと ⑧ぐんぶ ⑨な
⑩つた

2 ①のこ ②ししょく ③ひく
④たば ⑤もっと ⑥お
⑦くだ ⑧う ⑨やぶ ⑩ふじん

3 ①共通 ②改定 ③副業
④海水浴 ⑤北極星 ⑥管理

4 ①類 ②道徳 ③続行
④直径 ⑤四季 ⑥念願

おうちのかたへ

2⑧「産まれる」と同じ訓読みの「生まれる」との使い分けに注意しましょう。「産まれる」は出産（しゅっさん）に関（かん）するとき、「生まれる」は広い意味で何かを作り出す、生み出すというときに使われます。